新能源与智能汽车技术 丛书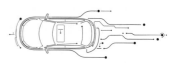

Integrated Electric Drive Technology for
Electric Vehicles

电动汽车一体化动力传动技术

田晋跃 著

化学工业出版社
·北京·

内 容 简 介

本书主要介绍电动汽车一体化动力传动技术，即纯电动汽车动力传动系统的结构和布置形式，根据电机外特性、整车的参数、性能设计要求，选择电机集成变速器的驱动形式，完成对驱动电机的功率、转矩、转速和变速器的挡位数、速比进行匹配计算。全书内容包括驱动电机与变速器参数匹配、电机选型设计、变速器设计、动力总成耦合控制方法、动力总成挡位集成控制换挡规律的制定方法及换挡过程的要求和优化技术等。

本书内容深入浅出，结合实际，便于读者学习，可供科研单位、工厂及有关工程技术人员参考使用，也可作为汽车工程类院校本科生和研究生的专业教学参考书。

图书在版编目（CIP）数据

电动汽车一体化动力传动技术/田晋跃著．—北京：化学工业出版社，2023.1
（新能源与智能汽车技术丛书）
ISBN 978-7-122-42061-9

Ⅰ.①电⋯ Ⅱ.①田⋯ Ⅲ.①电动汽车-动力系统 Ⅳ.①U469.72

中国版本图书馆 CIP 数据核字（2022）第 158233 号

责任编辑：黄 滢　张燕文　　　　　　　　　　装帧设计：王晓宇
责任校对：边 涛

出版发行：化学工业出版社（北京市东城区青年湖南街 13 号　邮政编码 100011）
印　　装：大厂聚鑫印刷有限责任公司
787mm×1092mm　1/16　印张 12¾　字数 293 千字　2023 年 1 月北京第 1 版第 1 次印刷

购书咨询：010-64518888　　　　　　　　　　　　售后服务：010-64518899
网　　址：http://www.cip.com.cn
凡购买本书，如有缺损质量问题，本社销售中心负责调换。

定　　价：128.00 元　　　　　　　　　　　　　　　　　　版权所有　违者必究

前言

本书是为满足车辆工程及相关专业方向的从业人员编写的。

电动汽车动力传动系统一体化控制是指应用电子技术，以电子控制单元（ECU）为核心，通过控制执行机构，并通过电子装置控制动力传动系统，实现车辆起步、换挡的自动操纵。在保证汽车动力性能要求的基础上，通过对电机、传动系统、动力电池的初步参数匹配，可以提升电动汽车的能量利用率。撰写本书的目的是使相关从业人员掌握电动汽车一体化传动控制的基本工作原理，帮助读者掌握和运用电动汽车一体化传动控制的基本理论和方法。

本书主要介绍电动汽车一体化动力传动技术，内容包括驱动电机与变速器参数匹配、电机选型设计、变速器设计、动力总成耦合控制方法、动力总成挡位集成控制换挡规律的制定方法、换挡过程的要求和优化技术等。

我国电动汽车起步发展快，目前相应的标准和规范的制定要落后于实体技术的进步，对于电动汽车的部件也缺少十分准确的定义，同一部件会有不同的理解和定义。本书中出现了"动力总成"和"动力传动系统"的概念，其内涵需要在这里加以说明。所谓"动力总成"包括驱动电机、控制器以及功率变换器三个总成。而"动力传动系统"为驱动电机、变速器和差速器等部件。

书中出现了电动汽车"一体化"驱动系统和电动汽车"集成化"驱动系统两个概念。所谓电动汽车"一体化"驱动系统，是指总成化的动力传动系统（Integrated Electric Drive System, IEDS），将电机、齿轮变速装置以及驱动桥等部件组装在一起，减少传统汽车动力传动系统的冗余部件，组成一个集成的驱动部件，完成电动汽车启动、行驶以及制动等工况的电动汽车动力传动系统。

高度"一体化"的电动汽车动力系统构成高集成化的驱动系统（Highly Integrated Electric Drive System, HIEDS），将电机驱动系统中的控制器和功率变换器以及冷却装置集成在一体化的动力传动系统中，利用驱动电机与传动系统的合理匹配技术，满足电动汽车最佳控制，使动力传动系统的功能更优异，结构更紧凑。

本书共 10 章。第 1 章主要介绍电动汽车一体化动力传动技术的结构特点，以及电动汽车一体化动力传动的控制的分类。第 2 章介绍各种电动汽车应用的电机的工作原理与分类。第 3 章介绍电动汽车驱动电机系统组成，以及选型依据和方法。第 4 章介绍齿轮机构运动方案设计。第 5 章介绍动力传动系统的基本方案及其参数匹配。第 6 章介绍采用所设计的动力总成参数，用 MATLAB/SIMULINK 建立纯电动汽车整车模型，对整车设计指标和电驱动系统控制策略及控制功能进行离线仿真与验证的方法。第 7 章介绍总成集成控制流程方案以及变速器的换挡规律。第 8 章介绍采用双电机动力耦合系统整车动力传动系统的工作特点，以及进行电机、动力电池和传动系统等参数的匹配方法。第 9 章介绍无离合器的两挡 AMT 工作原理以及换挡过程控制策略。第 10 章介绍控制并优化系统中热量的传递过程，以及实现完善的管理及合理利用产生的热能、降低系统的发热量的方法。

本书的编写特点：紧密结合工程应用的基本要求，内容完整系统、重点突出，所用资料力求更新、更准确地解读问题点；重点讲解电动汽车一体化动力传动技术知识的同时，强调知识的应用性，具有较强的针对性。

笔者近年来一直从事车辆工程实用技术的研究，在书中系统论述了电动汽车一体化动力传动技术，希望本书能为推动我国汽车工程行业的技术进步贡献一份力量，并对广大读者有所帮助。

在本书编写过程中，引用了研究生顾以慧、贾永同和盛家炜研究论文的部分数据，并参考了其他一些国内外相关文献资料，在此，谨向这些文献的作者表示深深的谢意。

著　者

目录

第1章 绪论 ········· 001
- 1.1 一体化动力传动总成的基本结构 ········· 003
  - 1.1.1 动力传动总成的基本分类 ········· 003
  - 1.1.2 纯电动汽车动力传动系统基本方案 ········· 005
- 1.2 电动汽车动力传动总成的技术特征 ········· 007
  - 1.2.1 电动汽车动力传动总成性能指标 ········· 007
  - 1.2.2 电动汽车一体化动力传动的控制思想 ········· 008
  - 1.2.3 电动汽车一体化动力传动的控制方式 ········· 009
- 1.3 电动汽车一体化动力传动的应用案例 ········· 010

第2章 电动汽车动力系统 ········· 015
- 2.1 直流电机及其驱动系统 ········· 016
  - 2.1.1 直流电机的工作原理 ········· 016
  - 2.1.2 直流电机的动态方程与特性分析 ········· 018
  - 2.1.3 直流电机的调速方法 ········· 021
  - 2.1.4 直流电机的脉宽调制控制 ········· 023
  - 2.1.5 直流电机的转矩与转速控制 ········· 024
  - 2.1.6 直流电机的特点 ········· 025
- 2.2 交流感应电机及其驱动系统 ········· 025
  - 2.2.1 交流感应电机的工作原理 ········· 026
  - 2.2.2 交流感应电机的特性分析 ········· 027
  - 2.2.3 交流感应电机的矢量控制 ········· 028
  - 2.2.4 交流感应电机的特点及应用 ········· 029
- 2.3 永磁同步电机及其驱动系统 ········· 029
  - 2.3.1 永磁无刷直流电机及其驱动系统 ········· 029
  - 2.3.2 永磁同步电机及其驱动系统 ········· 033
- 2.4 开关磁阻电机及其驱动系统 ········· 036

  2.4.1 开关磁阻电机的结构和工作原理 ············ 036
  2.4.2 开关磁阻电机的控制 ············ 038
  2.4.3 开关磁阻电机的特点及应用 ············ 039
 2.5 功率转换器 ············ 040

第3章 驱动电机设计选型基础 ············ 043

 3.1 电动汽车驱动电机基本结构 ············ 044
  3.1.1 驱动电机的基本要求和组成 ············ 044
  3.1.2 直流电机及其控制系统 ············ 047
  3.1.3 交流三相感应电机及其控制系统 ············ 049
  3.1.4 永磁同步电机结构及工作原理 ············ 050
  3.1.5 开关磁阻电机及其控制系统 ············ 052
 3.2 永磁同步电机的电磁设计 ············ 053
  3.2.1 电机主要尺寸的计算 ············ 053
  3.2.2 极槽配合的选取 ············ 055
 3.3 永磁同步电机定子的设计 ············ 056
  3.3.1 铁芯材料的选取 ············ 056
  3.3.2 电机定子齿槽设计 ············ 057
  3.3.3 电机定子绕组方案 ············ 058
 3.4 永磁同步电机转子的设计 ············ 059
  3.4.1 电动汽车永磁同步电机的磁路结构特点 ············ 059
  3.4.2 永磁同步电机的数学模型 ············ 061
 3.5 永磁同步电机特性参数的分析 ············ 063

第4章 电动汽车传动装置优化设计 ············ 065

 4.1 齿轮强度计算 ············ 066
  4.1.1 齿轮传动目标函数的确定 ············ 066
  4.1.2 齿轮箱设计变量的确定 ············ 068
  4.1.3 齿轮箱约束条件的确定 ············ 068
 4.2 行星机构的设计与计算 ············ 069
  4.2.1 行星轮系中各轮齿数的确定 ············ 070
  4.2.2 行星轮系的均衡装置 ············ 073
  4.2.3 行星轮系传动比的计算 ············ 074
 4.3 离合器的结构与工作原理 ············ 076
  4.3.1 离合器的作用 ············ 076
  4.3.2 离合器的分类 ············ 077
 4.4 齿轮箱体轻量化 ············ 080
  4.4.1 结构优化设计方法简介 ············ 081
  4.4.2 齿轮箱结构拓扑优化流程 ············ 082

第5章 动力传动系统参数匹配 ············ 085

 5.1 动力传动系统方案分析 ············ 086

5.1.1　动力传动系统的组成 …………………………………………………… 086
　　5.1.2　动力传动系统的基本方案 …………………………………………… 087
　　5.1.3　动力传动系统的方案选择 …………………………………………… 088
5.2　驱动电机与变速器参数匹配 …………………………………………………… 090
　　5.2.1　纯电动汽车设计要求 …………………………………………………… 090
　　5.2.2　电机参数匹配 ……………………………………………………………… 091
　　5.2.3　变速器参数匹配 …………………………………………………………… 093
5.3　电驱动桥的匹配实例 …………………………………………………………… 097
　　5.3.1　电动工程车辆电驱动桥匹配 …………………………………………… 098
　　5.3.2　电驱动桥传动分析 ………………………………………………………… 100

第6章　动力传动系统仿真 ……………………………………………………… 102

6.1　系统模型的建立 …………………………………………………………………… 103
　　6.1.1　驾驶员模型 ………………………………………………………………… 104
　　6.1.2　循环工况输入模型 ………………………………………………………… 104
　　6.1.3　电机模型 …………………………………………………………………… 104
　　6.1.4　电池模型 …………………………………………………………………… 106
　　6.1.5　逆变器模型 ………………………………………………………………… 108
　　6.1.6　变速器模型 ………………………………………………………………… 108
　　6.1.7　整车动力学模型 …………………………………………………………… 109
　　6.1.8　控制器模型 ………………………………………………………………… 112
6.2　仿真分析 …………………………………………………………………………… 118
　　6.2.1　加速时间仿真 ……………………………………………………………… 118
　　6.2.2　最高车速仿真 ……………………………………………………………… 118
　　6.2.3　最大爬坡度仿真 …………………………………………………………… 118
　　6.2.4　续驶里程仿真 ……………………………………………………………… 118
　　6.2.5　柔性换挡仿真 ……………………………………………………………… 120

第7章　动力传动系统换挡规律 ………………………………………………… 125

7.1　一体化控制流程 …………………………………………………………………… 126
7.2　加速踏板的响应和控制 ………………………………………………………… 127
7.3　变速器的换挡规律 ……………………………………………………………… 127
　　7.3.1　最佳动力性换挡规律 ……………………………………………………… 128
　　7.3.2　最佳经济性换挡规律 ……………………………………………………… 130
　　7.3.3　组合型换挡控制策略 ……………………………………………………… 131
7.4　优化的柔性换挡控制策略 ……………………………………………………… 132

第8章　双电机动力总成耦合控制 ……………………………………………… 138

8.1　纯电动汽车能耗分析 …………………………………………………………… 139
8.2　双电机驱动结构分析 …………………………………………………………… 140
　　8.2.1　独立驱动结构分析 ………………………………………………………… 140

  8.2.2 耦合驱动结构分析 ……………………………………………………… 141
  8.2.3 双电机耦合结构节能优势分析 ………………………………………… 143
 8.3 基于行星耦合系统的新型双电机驱动结构 ………………………………………… 145
  8.3.1 电机独立驱动模式 ……………………………………………………… 146
  8.3.2 电机联合驱动模式 ……………………………………………………… 147
 8.4 双电机动力耦合系统控制策略 ……………………………………………………… 149
  8.4.1 动力系统控制架构的分析 ……………………………………………… 149
  8.4.2 能量管理模块 …………………………………………………………… 152
 8.5 基于能效的参数优化 ………………………………………………………………… 155
  8.5.1 遗传算法 ………………………………………………………………… 155
  8.5.2 电机和传动系统参数的优化 …………………………………………… 156
  8.5.3 基于遗传算法模型求解 ………………………………………………… 159

第9章 无离合两挡 AMT 控制的优化 …………………………………………………… 162

 9.1 无离合器的两挡 AMT 工作原理 …………………………………………………… 163
  9.1.1 两挡 AMT 结构 ………………………………………………………… 163
  9.1.2 两挡 AMT 换挡结构 …………………………………………………… 163
 9.2 两挡 AMT 换挡过程动力学模型 …………………………………………………… 165
  9.2.1 驱动电机转矩清零阶段 ………………………………………………… 165
  9.2.2 换挡电机摘挡阶段 ……………………………………………………… 166
  9.2.3 驱动电机主动调速阶段 ………………………………………………… 167
  9.2.4 接合套向同步环运动阶段 ……………………………………………… 167
  9.2.5 接合套与同步环向目标挡位齿圈运动阶段 …………………………… 167
  9.2.6 同步环开始同步阶段 …………………………………………………… 168
  9.2.7 同步环完全同步阶段 …………………………………………………… 168
  9.2.8 换挡电机挂挡阶段 ……………………………………………………… 169
  9.2.9 驱动电机转矩恢复阶段 ………………………………………………… 169
 9.3 换挡过程控制策略 …………………………………………………………………… 170
 9.4 换挡过程评价指标 …………………………………………………………………… 171
  9.4.1 换挡时间指标 …………………………………………………………… 171
  9.4.2 冲击度指标 ……………………………………………………………… 172
  9.4.3 滑摩功指标 ……………………………………………………………… 172
 9.5 换挡过程品质优化 …………………………………………………………………… 172
  9.5.1 优化目标函数 …………………………………………………………… 172
  9.5.2 PSO 算法目标转矩寻优过程 …………………………………………… 173
  9.5.3 寻优结果与分析 ………………………………………………………… 174

第10章 动力传动总成散热技术 ………………………………………………………… 177

 10.1 电动汽车用电机冷却系统简介 …………………………………………………… 178
 10.2 流动与传热基本理论 ……………………………………………………………… 179
  10.2.1 流动湍流模型 ………………………………………………………… 179

  10.2.2　流体传热学分析 ……………………………………………… 181
 10.3　电机冷却系统散热分析 …………………………………………………… 183
  10.3.1　冷却系统组成 …………………………………………………… 183
  10.3.2　电机热源分析 …………………………………………………… 183
 10.4　齿轮箱发热分析 …………………………………………………………… 186
  10.4.1　齿轮啮合摩擦功率损失 ………………………………………… 187
  10.4.2　风阻功率损失 …………………………………………………… 189
  10.4.3　搅油功率损失 …………………………………………………… 189
  10.4.4　滚动轴承摩擦功率损失 ………………………………………… 190
  10.4.5　齿轮箱热平衡 …………………………………………………… 191

参考文献 ………………………………………………………………………………… 193

第 1 章

绪论

1.1 一体化动力传动总成的基本结构
1.2 电动汽车动力传动总成的技术特征
1.3 电动汽车一体化动力传动的应用案例

作为电动汽车的核心部件之一，电动汽车电机、变速器和控制器一体化系统是目前性能优异、最具可行性的电驱动系统构型方案。电机驱动系统主要包括控制器、功率变换器和电机。相比单一的电机驱动系统，一体化驱动控制系统可以综合协调控制电机和变速器，最大限度地改善电机输出动力特性，增大电机转矩输出范围，在提升电动车辆动力性的同时，使电机最大限度地工作在高效经济区域内。

体现在设计集成化的电动汽车动力传动系统一体化方案包括以下方面。

（1）动力传动系统的一体化

传统意义上的电动汽车电机、传动装置和控制器是各自独立的部件，主要用来完成电动汽车的行走驱动。动力系统的集成化是将电机和传动装置集成为一个总成部件，电机控制器对驱动电机正常运转进行控制。控制器一般以微控制器、集成驱动板、控制板等来实现驱动控制、热控制和远程通信控制。

（2）驱动系统＋散热系统的一体化

电动汽车动力系统主要包括驱动电机和电机控制器，动力系统的体积越来越小，功率密度越来越大，系统的冷却系统越来越重要。由于电机与控制器功率板都需要散热，将其设计成一个散热系统，协同工作，简化驱动系统。

（3）驱动系统＋散热系统＋系统结构的一体化

在前面两个方案的基础上，进一步提出了结构上的集成化，将驱动电机、电机控制器、各部散热系统等实现高度集成，统一成一个独立单元。这样不仅使整个系统的体积变得更加轻巧，提高了功率密度，而且使系统的安装和使用过程都更加简化和方便。

三个方案的关系如图1-1所示。

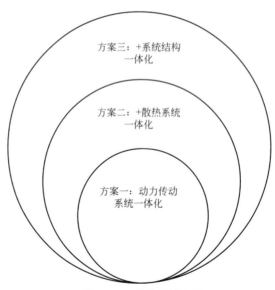

图1-1　一体化设计方案

电动汽车一体化动力传动技术是车辆动力传动技术的一个主要发展方向，电机和传动部件（变速器和桥）在汽车行驶过程中是相互影响、相互关联、深度耦合的，这是一体化动力传动系统的基本要求。

1.1 一体化动力传动总成的基本结构

电动汽车和传统车辆最直接的区别就是动力源不一样，电动汽车的唯一动力源是电机。电机和发动机的驱动原理不一样，首先是输出的特性不一样，汽油发动机的动力来源主要是靠火花塞点燃混合气，然后活塞带着曲轴运动。因此，发动机在低转速时为了保持汽车不熄火，只能产生很小的转矩，当转速提高后，对转矩的控制只能通过改变节气门的开度或者改变点火角实现，控制精度不高。电机通过电流控制转矩，可以很精确地控制转矩的变化，而且电机对转速和转矩的控制响应速度比发动机快几十倍。在汽车行驶过程中，要让唯一的动力源产生的转速和转矩适应各种复杂的工况，造成两种动力源对变速机构不同的要求。其次是两者底盘布局不同，电动汽车的能量基本上是通过电缆传输的，取消了油管和高压油泵等部件。电动汽车是将电能转化为动能加以利用，能量释放由电池内部的化学能实现，取消了三元催化器等尾气处理装置，这让底盘的布置具有很大的灵活性，方便车辆总成的布置。

1.1.1 动力传动总成的基本分类

电动汽车一体化动力传动系统通常可分为以下三类。

（1）分布式电动汽车驱动传动系统

电机的动力通过轮边变速器（或者直接）到车轮，并集成制动器，可以实现四轮驱动和两轮驱动。图 1-2 所示为独立电驱动传动系统，图 1-3 所示为电动车轮总成。

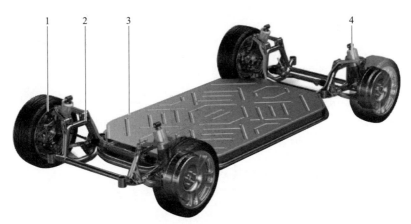

图 1-2 独立电驱动传动系统
1—电动车轮；2—悬架支架；3—电池及车架；4—悬架弹性元件

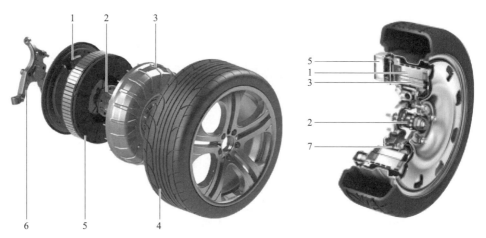

图 1-3 电动车轮总成

1—定子；2—轴承；3—转子；4—车轮；5—磁芯与动力电控装置；6—悬架支架；7—制动器

（2）平行轴式一体化驱动传动系统

电机的动力通过变速器、主减速器、差速器和半轴到车轮。对于乘用车常采用的传动方案如图 1-4 所示，电机的动力经过一个两挡变速器，再经主传动装置、差速器、半轴到车轮。

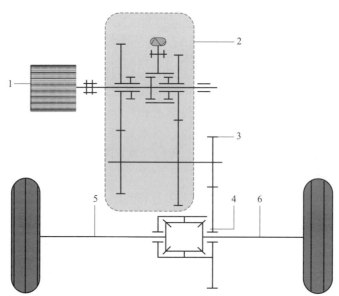

图 1-4 纯电动乘用车的传动方案

1—电机；2—变速器；3—主传动装置；4—差速器；5,6—半轴

（3）同轴式一体化驱动传动系统

同轴式一体化驱动传动系统将电机、变速器和驱动桥集成为一个总成，目前行业内多称之为三合一电动驱动车桥（e-Axle）。电机和减速器安装布置在同一轴线上，电机输出轴驱动减速器的主传动装置，主传动装置再将动力传至差速器，差速器的两个输出齿轮分别与左右两半轴连接，将三合一电动驱动车桥

的驱动动力通过半轴传至左右两侧的传动轴，带动车轮转动，驱动车辆行走。三合一电动驱动车桥如图1-5所示。

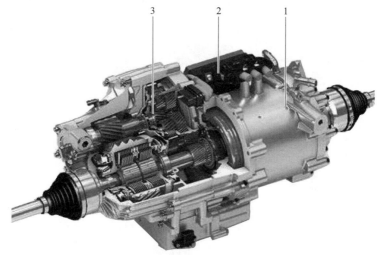

图1-5 三合一电动驱动车桥
1—驱动电机；2—电机控制器；3—减速器

如图1-6所示，电动驱动车桥的电机总成相对于车桥同轴布置。定子固定在车辆的底盘车架上。电动驱动车桥具有减速装置，其输入构件连接到转子。减速装置沿车桥轴线方向布置，与电机安装成一个整体。电机的另外一侧安装有差速器，差速器的输入部件通过空心轴连接到减速装置的输出端。空心轴延伸穿过电机的转子。差速器采用常规的机械差速器结构，其将电机的驱动力矩分配在左右两侧的输出半轴上。输出半轴连接传动轴，最后将动力传至左右驱动轮上。

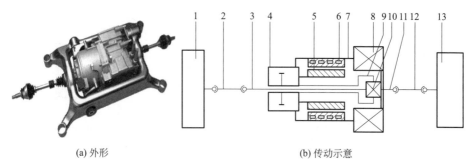

(a) 外形　　　　　　　　　(b) 传动示意

图1-6 三合一电动驱动车桥外形和传动示意
1,13—车轮；2,12—传动轴；3,11—半轴；4—减速装置；5—转子；
6—定子；7—电机总成；8—控制器；9—空心轴；10—差速器

1.1.2 纯电动汽车动力传动系统基本方案

纯电动汽车动力传动系统主要有单电机直驱式动力系统、单电机＋AMT动力系统，双电机耦合减速系统以及轮毂电机动力系统。

(1) 单电机直驱式动力系统

如图 1-7 所示，这种驱动形式的特点是无离合器、变速器的直驱式电驱动系统，可采用大功率高转矩低速永磁同步电机或交流异步电机。

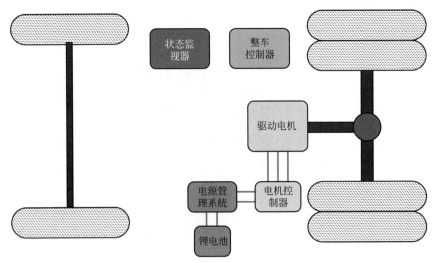

图 1-7　单电机直驱式动力系统

(2) 单电机＋AMT 动力系统

如图 1-8 所示，这种驱动形式的特点是无离合器，采用多挡机械自动变速器电驱动系统，电机为大功率中速永磁同步电机。

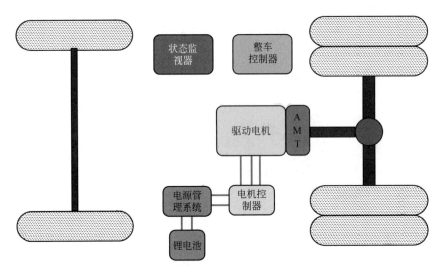

图 1-8　单电机＋AMT 动力系统

(3) 双电机耦合减速系统

如图 1-9 所示，这种驱动形式的特点是体积小、重量轻、便于底盘布置和有效利用空间，有利于低地板结构；噪声小、双电机驱动运转平滑；双电机协调工作，单电机失效仍能运行。

(4) 轮毂电机动力系统

如图 1-10 所示，这种驱动形式的特点是无主减速器和差速器，利于低地板

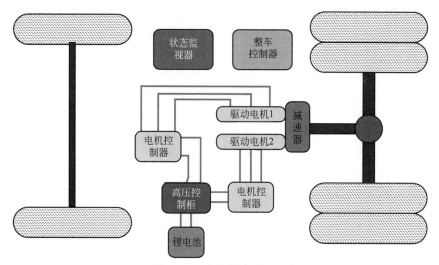

图 1-9　双电机耦合减速系统

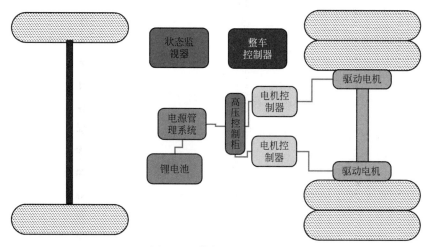

图 1-10　轮毂电机动力系统

汽车布置；电机直接驱动车轮，制动时吸收车轮制动能量，效率高；双电机分别驱动两个后轮，可实现精确差速控制和转向控制。

1.2　电动汽车动力传动总成的技术特征

1.2.1　电动汽车动力传动总成性能指标

2019 年国家提出的电动汽车的政策方向和技术标准如下。

(1) 纯电动乘用车的技术要求

① 纯电动乘用车 30min 最高车速不低于 100km/h。

② 纯电动乘用车工况法续驶里程不低于250km。

③ 纯电动乘用车动力电池系统质量能量密度不低于125W·h/kg。

④ 根据纯电动乘用车能耗水平设置调整系数。

⑤ 工况法纯电续驶里程低于80km的插电式混合动力乘用车B状态燃料消耗量（不含电能转化的燃料消耗量）与现行的常规燃料消耗量国家标准中对应限值相比小于60％。工况法纯电续驶里程高于或等于80km的插电式混合动力乘用车，其A状态百公里耗电量应满足纯电动乘用车2019年门槛要求。

（2）新能源客车的技术要求

① 非快充类纯电动客车单位载质量能量消耗量不高于0.19W·h/(km·kg)，电池系统质量能量密度不低于135W·h/kg，续驶里程不低于200km（等速法）。

② 快充类纯电动客车快充倍率要高于3C。

③ 取消新能源客车电池系统总质量占整车整备质量比例不高于20％的门槛要求。

（3）新能源货车的技术要求

① 纯电动货车装载动力电池系统质量能量密度不低于125W·h/kg。

② 纯电动货车单位载质量能量消耗量不高于0.30W·h/(km·kg)。作业类纯电动专用车吨百公里电耗（按试验质量）不超过8kW·h。

1.2.2 电动汽车一体化动力传动的控制思想

电动汽车一体化动力传动控制系统的功能是依据驾驶员的意图和车辆行驶环境的变化，自动调节基础动力传动系统的传动比（速比）和工作状态，以实现传动系统效率的最佳和车辆整体性能的最优。电动汽车的动力传动控制系统主要由车辆数据采集系统（传感器部分）、电子控制单元和执行机构三大部分组成。

电机和变速器的集成协调控制有很多难题亟待攻破，如电机和变速器协调控制、换挡过程中电机工作模式的识别及控制、自动换挡的实现和换挡品质优化等问题，整个过程中既有工作模式的变化，又有某一模式下系统状态的改变，具有典型的动态非线性特征。

作为一个典型的集成式驱动模式，电机＋变速器一体化控制驱动系统对纯电动车辆的动力性、安全性和舒适性等都有着重要的影响，因此，采用理论方法体系解决电动车辆驱动系统一体化控制问题是关键技术之一。

电动汽车动力传动系统一体化控制是指应用电子技术，以电子控制单元（ECU）为核心，通过控制执行机构，并通过电子装置控制动力传动系统实现车辆起步、换挡的自动操纵。其基本的控制思想是：根据驾驶员的意图（加速踏板、制动踏板、操纵手柄等）和车辆的状态（电机转速、车速、挡位），依据适当的控制规律（换挡规律、电机的启停规律等），借助于相应的执行机构和电子装置对车辆的动力传动系统进行联合操纵（图1-11）。

电动汽车结构及动力总成参数需要根据整车性能要求，设计选定电机、变速器以及差速器的参数来实现，参数包括电机额定功率、峰值功率、额定转速、

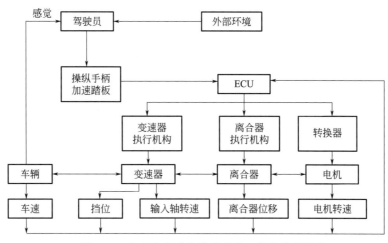

图 1-11　电动汽车动力传动系统一体化控制示意

峰值转速、额定转矩、峰值转矩以及变速器挡位数和速比。

电驱动系统集成控制方式的内容主要包括：参数匹配及换挡控制策略；新型电驱动系统的结构形式；变速系统的换挡过程控制；电机与变速器的协同控制。

电驱动系统作为电动车辆的核心部件，电机和变速器是其两大重要组成部分，由于动力源发生了根本改变，电机并不是发动机的简单替代，其转矩和转速的调节与电磁特性等密切相关，实现动力输出的快速响应能力远高于发动机，传统汽车动力传动一体化控制方法和理论已不能适用于电驱动系统，因此电驱动系统一体化控制有待深入研究。

电动汽车电机+变速器一体化系统，目前主要研究工作集中于分析电机+变速器驱动系统的耦合动态特性，优化系统信息传递和协同工作，制定合理科学的控制策略以缩短换挡过程中的动力中断时间和减小换挡冲击；研究如何利用驱动电机输出特性，针对汽车行驶需求和工作特点，进行更深层次的适应性开发，提升电动汽车的综合性能等。

1.2.3　电动汽车一体化动力传动的控制方式

动力传动系统一体化控制方式一般分为以下三类。

① 采用两机或多机通信的方式。在电机 ECU 和变速器 ECU 之间实现信息共享。

② 采用单一的 ECU 对电机和变速器实现整体控制。

③ 采用 CAN 总线结构进行总体控制。在电动汽车上采用较多的是 CAN 总线，电机与变速器两个控制子系统通过 CAN 总线进行连接的结构如图 1-12 所示。通过 CAN 总线，两个系统之间不仅能传输命令、请求和电动汽车的一些基本状态（如电机转速、车速、冷却水温度等），还能对一些实时性要求强的数据如电池电量、转速信号等设定较高的优先级。

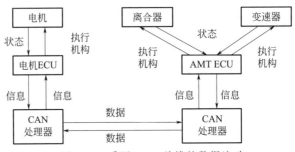

图 1-12 采用 CAN 总线的数据流动

电动汽车的驱动系统主要包括中央控制器、电机控制器、电机、机械传动装置、车轮等。电动汽车没有发动机，不需要加速踏板和节气门的机械连接，所以采用的都是电子踏板。将踏板的物理位移量转换为电信号输入中央控制器中。对于换挡杆，一般是通过位置传感器将挡位信号转换为电信号，输入中央控制器。

中央控制器相当于驱动系统的大脑，需要根据接收到的信号，判断当前汽车所处的状态，并做出相应决策，确定输出转矩。它根据制动踏板与加速踏板的输入信号，向电机控制器发出控制指令，对电机输出转矩和转速进行控制。在电动汽车制动或下坡滑行时，中央控制器配合电池能源管理系统进行发电回馈，蓄电池反向充电。

电机控制器的主要功能是接收中央控制器的指令，对电机的转矩和转速进行控制，然后将实际的转矩和转速信号反馈给中央控制器。一般而言，电机和电机控制器都是由供应商配套提供的，对电机的调速主要是调频和调压等方式。纯电动车用电池都是直流供电，需要 DC/DC 转换器对直流电机进行调压调速控制，感应电机是通过 DC/AC 转换器对交流电机进行调频调压矢量控制，通过控制脉冲频率对磁阻电机进行调速。同时电机控制器可以控制电机反转以满足倒车的需求，当制动和下坡滑行时，电机控制器可以使电机处于发电状态。

1.3　电动汽车一体化动力传动的应用案例

电机是电动汽车的唯一动力源，同时也要在制动和滑行工况下工作在发电模式。电机的性能直接影响了整车的续驶里程和动力性。电机和发动机有不同的输出特性，电机过载能力较强，能够在较低的转速下输出较大的转矩，这样可以使汽车在低速时有较好的动力性。在选择电机类型和设计电机参数时，需要根据不同的工况综合考虑，从而确保整车达到设计要求。

机械传动装置的作用主要是将电机产生的动力传递到车轮，并向中央控制器反馈车速等信号。轮胎是汽车中唯一与路面接触的部件，虽然轮胎不涉及驱动系统的控制策略，但是地面提供的驱动力直接通过车轮驱动车辆前进，轮胎的品质与整车的动力性息息相关，因此要根据车型定位和整车设计要求匹配轮胎参数。

图1-13所示为Oerlikon Graziano公司推出的4挡电驱动变速器，通过采用轻量化材料、紧凑型结构可以实现无动力中断换挡，且该变速器拥有良好的可扩展性，因此能够广泛用于多种类型的车辆。

图1-13　Oerlikon Graziano 四挡变速器

图1-14所示为YASA的高性能产品P400系列，该产品能够提供390N·m的峰值转矩，180kW的峰值功率，通过采用高性能聚合物材料，使该产品的直径仅为305mm，轴向尺寸仅为80mm，质量仅为24kg。

图1-14　YASA P400 系列产品

特斯拉Model S的动力总成（图1-15）采用了一个转速高达16500r/min的电机，搭载了速比为9.73的减速器，并采用了IGBT来满足高效变电控制，重

图1-15　Model S动力总成

1—齿轮箱；2—高压线圈；3—转子；4—冷却模块；5—定子；6—电机壳；7—高压转换器；8—减速装置

组了电机和减速器之间的电气连接,以此提高电机在低转速下的输出转矩。

图 1-16 所示为奥地利 Kreisel Electric 推出的用于电动汽车 Porsche 910e 上的一体化动力传动总成,通过摩擦优化的轴承布置,将换挡时间控制在 0.25s,确保了最短的转矩中断。

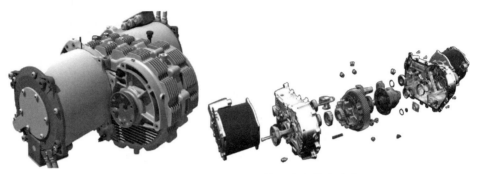

图 1-16 Kreisel Electric 一体化动力传动总成

奥迪公司推出纯电动豪华型 SUV 的 E-tron,该车型的名字也将成为奥迪在电动汽车领域内标志性的符号。如图 1-17 所示,E-tron 前后轴均配备了异步电机,能够实现双驱和四驱两种模式,动力系统的输出功率达到 300kW,峰值转矩可达 664N·m。

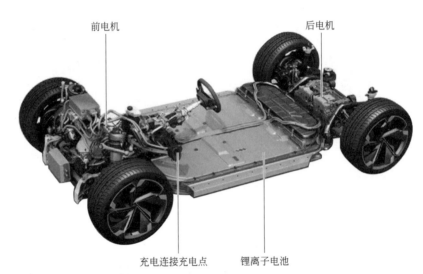

图 1-17 奥迪 E-tron

Protean 采取外转子轮毂电机-驱动器-内卡钳盘式制动器一体化结构(图 1-18);Elaphe 是外转子轮毂电机与鼓式制动器的集成;舍弗勒进行了水冷内转子轮毂电机-驱动器与鼓式制动器的集成开发,其主要用于无人驾驶的轮胎驱动。可见,轮毂直驱电动轮集成设计的技术发展趋势是驱/制动一体化集成设计。

德国 ZF 公司研发了用于工程车辆的 eTRAC AS 系列和 eTRAC GP 系列动力总成。eTRAC AS 系列是将电机、减速器、差速器及电控单元集成为一个模

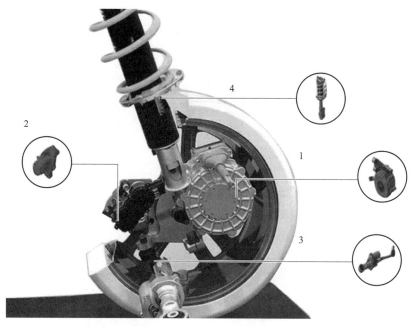

图 1-18　外转子轮毂电机-驱动器-内卡钳盘式制动器一体化结构示意
1—驱动电机；2—线控制动器；3—线控转向装置；4—电控悬架

块，其驱动系统的结构采用通轴的设计方式，即电机、减速器、差速器的中心在同一轴线上，采用鼓式制动器，可用于 2.5～5t 电动工程车辆，如图 1-19 所示。eTRAC GP 系列是将电机、减速器、制动器集成为一个模块，其驱动系统的采用双电机和双减速器结构，差速控制通过控制器的控制策略，对两电机实施速度差的控制实现，该系列产品控制系统相对复杂，可以实现制动能量回收，如图 1-20 所示。

图 1-19　德国 ZF 公司的 eTRAC AS 工程车辆电驱桥

美国 Meritor（美驰）公司开发了大吨位工程车辆电驱桥。Meritor 新研发的 eCarrier 平台将电机集成到车轴上，为电池和其他组件节省了空间。这种设计是各种电驱动力传动系统配置的基础。德国林德公司研发了工程车辆电驱桥动力总成，将电机、减速器、制动器集成为一个模块，其驱动系统采用双电机和双减速器结构，结构同 ZF 公司的 eTRAC GP 系列电驱桥类似，可用于 2.5～5t 电动工程车辆。

图 1-20　德国 ZF 公司的 eTRAC GP 工程车辆电驱桥

图 1-21 和图 1-22 所示为工程车辆电驱桥及其传动示意。

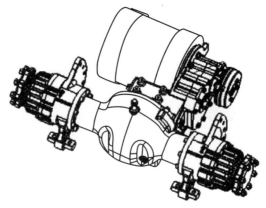

图 1-21　工程车辆电驱桥

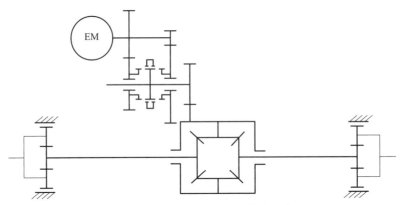

图 1-22　工程车辆电驱桥传动示意

工程车辆电驱桥动力总成的技术方案，其驱动系统的结构采用平行轴的设计形式，即电机和传动系统的中心轴线相互平行，采用盘式制动器，可用于 2.5～5t 电动工程车辆。

第 2 章

电动汽车动力系统

2.1 直流电机及其驱动系统
2.2 交流感应电机及其驱动系统
2.3 永磁同步电机及其驱动系统
2.4 开关磁阻电机及其驱动系统
2.5 功率转换器

电动汽车运行过程中遇到各种工况，例如频繁启动、低速平稳运行、高速高效率运行、制动能量回收等，而且运行环境苛刻，这样对电机的要求很高，驱动电机作为电动汽车的动力来源，驱动电机及控制至关重要。

电动汽车动力系统涉及驱动电机、控制器以及功率转换器技术，即直流电机及控制技术、直流无刷电机及控制技术、交流异步电机及控制技术、永磁同步电机及控制技术和功率转换器技术。

电机驱动系统是电动汽车的关键技术之一，电机的特性与发动机有着很大的不同。而不同种类的电机之间，同种电机采用不同的控制方法，其输出特性也有着较大差异。电动汽车上使用的驱动电机种类主要为直流电机、交流感应电机（异步电机）、永磁同步电机、开关磁阻电机等。

2.1 直流电机及其驱动系统

直流电机在电机体系中占有重要地位，而直流电机控制理论也是电机控制理论的基础。直流电机驱动系统是发展最早、技术最成熟的一种电机驱动系统，在早期的电动汽车中得到了广泛的应用。

2.1.1 直流电机的工作原理

直流电机的基本工作原理如图 2-1 所示。上下是两个固定的磁铁，上面为 N 极，下面是 S 极。在两极之间安装一个可以转动的圆柱体，称为电枢。电枢表面的槽里安装着两段导体 ab 和 cd，两段导体的一端（b 端与 c 端）相互连接，形成一个线圈，称为电枢绕组。电枢绕组的两端（a 端与 b 端）分别与一个可以旋转的半圆形导体相互连接，两个半圆形导体称为换向片，两个换向片相互绝缘，形成换向器，与电枢绕组同轴旋转。换向器上面压紧两个固定不动的电刷 A、B，它们分别连接一个直流电源的正极和负极。图 2-1 中电刷 A 连接到电源的正极，电刷 B 连接到电源的负极。当在图 2-1(a) 所示位置时，ab 段导体在 N 极范围内，电流方向为由 a 到 b，根据左手定则，其受力为逆时针方向。cd 段导体在 S 极范围内，电流方向为由 c 到 d，其受力也为逆时针方向，电枢连同换

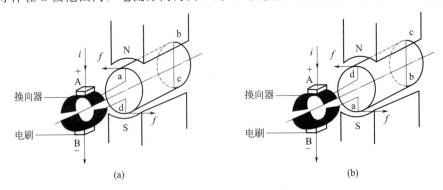

图 2-1 直流电机的基本工作原理

向器将逆时针旋转；当导体与换向器旋转至图 2-1(b) 所示位置时，cd 段导体转到 N 极范围内，但其电流方向改变为由 d 到 c，故其受力仍为逆时针方向。ab 段导体转到 S 极范围内，其电流方向改变为由 b 到 a，受力仍为逆时针方向。因此，电枢可以连续旋转，这就是直流电机的工作原理。

按照电机磁场的产生方式，使用永磁体产生磁场的电机称为永磁电机，如果磁场是由直流电通过绕在磁极铁芯的绕组产生的，这样的直流电机称为绕组励磁电机。小功率的电机通常使用永磁电机，而大功率的电机通常使用绕组励磁电机，其结构主要由固定不动的定子部分和可以旋转的转子部分组成。定子部分由机座、主磁极、换向极和电刷组成。机座起到支撑电机和作为一部分主磁路的作用。主磁极由铁芯和套装在铁芯上面的励磁绕组组成，它的作用是产生电机的磁场。一般制成多极，但总是偶数，且 N、S 两极相间出现，一个 N 极与一个 S 极称为一个极对。换向极结构和主磁极相似，作用是减小电刷与换向器之间的火花。电刷是电枢电路的引入装置，把转动的电枢电路与不转的外电路进行连接，所以直流电机通常也称为直流有刷电机。转子部分由电枢铁芯、电枢绕组和换向器组成。电枢铁芯为主磁路的一部分，通常由冲有齿和槽的硅钢片叠压而成，它的槽中嵌入电枢绕组。电枢绕组由一定数目的电枢线圈按一定规律连接组成，线圈由绝缘的导线绕成，当线圈中流过电流时，在磁场中受力产生电磁转矩。换向器由许多换向片组成，在直流电机里，换向器实际起到的是逆变的作用。

直流电机励磁绕组的供电方式称为励磁方式，按照直流电机励磁方式不同，直流电机又可划分为他励式和自励式两种。他励式直流电机励磁绕组的励磁电流由其他的独立直流电源供给，励磁绕组与电枢绕组在电路上互相独立，如图 2-2(a) 所示。他励式直流电机为最简单的电机形式。自励式直流电机的励磁绕组和电枢绕组由同一个电源供电，又分为并励式、串励式和复励式三种。并励式直流电机的励磁绕组和电枢绕组并联，如图 2-2(b) 所示，其励磁绕组端电压与电枢绕组的端电压相同。串励式直流电机的励磁绕组和电枢绕组串联，如图 2-2(c) 所示，其励磁绕组的电流与电枢绕组的电流相同。复励式直流电机的主磁极铁芯上面有两个励磁绕组，一个是和电枢并联的并励绕组，一个是和电枢串联的串励绕组，如图 2-2(d) 所示。直流电机励磁消耗的功率不大，一般占电机额定功率的 1%～3%。

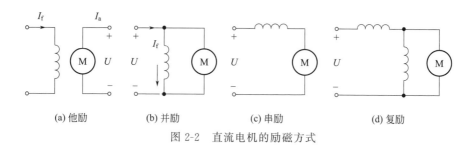

(a) 他励　　(b) 并励　　(c) 串励　　(d) 复励

图 2-2　直流电机的励磁方式

直流电机运行时，如果按其设计时的额定值运行，可以保证其可靠地工作，并有良好的性能。直流电机的额定参数有额定功率 P_N(kW)、额定电压

U_N(V)、额定电流 I_N(A)、额定转速 n_N(r/min) 和额定励磁电压（V）等参数。

电机的额定功率是指电机在额定运行时的输出功率。对于电动机，额定输出功率为机械功率，$P_N=U_N I_N \eta_N$，η_N 为额定效率；对于发电机，额定输出功率为电功率，$P_N=U_N I_N$。额定电压为额定运行时电枢绕组的输入电压。

2.1.2 直流电机的动态方程与特性分析

为了对电机运行时的状态进行分析，可以通过建模的方法把电机运行时的电气关系进行电路等效。直流电机在稳态运行时（稳态运行指电机的电压、电流、转速不再发生变化），其电枢电路可以等效为图 2-3。

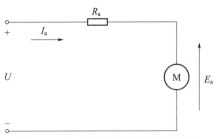

图 2-3 直流电机稳态运行等效电路

则：

$$U = E_a + I_a R_a \tag{2-1}$$

式中，U 为加在电枢回路两端的端电压，V；E_a 为电枢绕组在磁场中旋转产生的感应电动势，称为电机的反电动势，V；I_a 为电枢绕组的电流，A；R_a 为电枢绕组的电阻，Ω。式(2-1) 称为直流电机的电枢电压方程。

由电机理论可知：

$$E_a = K_e \Phi n \tag{2-2}$$

式中，K_e 为电机的电动势常数，是一个取决于电机结构的常数；Φ 为电机每极的磁通，Wb；n 为电机的转速，r/min。

由式(2-2) 可知，电机的感应电动势与每极磁通成正比，与电机的转速成正比。式(2-2) 称为直流电机的电枢电动势方程。

直流电机的电磁转矩可由式(2-3) 得出：

$$T = K_T \Phi I_a \tag{2-3}$$

式中，T 为电机产生的电磁转矩，N·m；K_T 为电机的转矩常数，也是一个取决于电机结构的常数，并且 $K_T = 9.55 K_e$。

由式(2-3) 可知，电机的电磁转矩与每极磁通成正比，与电机的电枢电流成正比。式(2-3) 称为直流电机的电磁转矩方程。

由式(2-1)～式(2-3) 可得：

$$n = \frac{U}{K_e \Phi} - \frac{R_a}{K_T \Phi^2 K_e} T \tag{2-4}$$

式(2-4)反映了电机输出的电磁转矩与电机转速之间的关系。他励式直流电机的励磁电流 I_f 一定时，电机的磁通 Φ 为常数。当电机的电枢端电压 U 一定时，电磁转矩 T 与转速 n 之间为一函数关系 $n=f(T)$，所对应的函数曲线如图 2-4 所示。式(2-4)称为他励式直流电机的机械特性方程，也称为外特性方程。图 2-4 称为他励式直流电机的机械特性曲线，也称为外特性曲线。图 2-4 中，$n_0=U/(K_e\Phi)$，为电机的空载转速。电机稳态运行时，电磁转矩 T 的大小将取决于负载转矩的大小。

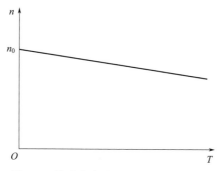

图 2-4　他励式直流电机的机械特性曲线

电机运行的动态过渡过程如下。如果电机在稳态运行中，负载转矩突然增加，会导致电机减速运行，转速 n 将减小，由式(2-2)可知转速 n 减小会导致电机的反电动势 E_a 减小，由式(2-1)可知，电机的电枢电流 I_a 将增大，又由式(2-3)可知，I_a 的增大会导致电机电磁转矩 T 的增大，电机又将加速运行。由于电枢电流的增加，导致消耗在电机电枢电阻上的功率加大，故电机到达稳态时，电机的转速不能恢复到原来的数值，会有所下降，但由于电枢电阻 R_a 比较小，故电机到达稳态，其下降的速度并不大，表现为机械特性曲线为一稍向下倾斜的直线。直线斜率越小，则机械特性越硬。

当电枢电压 U、励磁电流 I_f 都为额定值时的机械特性称为电机的固有机械特性，也称为自然机械特性。如果改变了电枢电压、励磁电流或电枢串接外电阻，这时的机械特性称为电机的人为机械特性。

他励式直流电机的励磁电流与负载无关，而串励式直流电机的励磁电流与电枢电流相同，它将随负载的变化而变化。电压方程的电阻除电枢电阻 R_a 外，还有串励绕组的电阻 R_f。串励式直流电机的机械特性方程表达式为：

$$n=\frac{U}{K_e\Phi}-\frac{R_a+R_f}{K_T\Phi^2 K_e}T \tag{2-5}$$

串励式直流电机的机械特性曲线如图 2-5 所示，转速随电磁转矩下降较快，机械特性较软。当电流较大，磁路饱和，磁通不再随电流变化而变化，这时其机械特性与他励式直流电机机械特性十分接近，为一略微向下倾斜的直线。但因串励式直流电机的电阻比他励式直流电机的电阻大一个串励绕组电阻，所以串励式直流电机的转速降比他励式直流电机稍大。

串励式直流电机由于机械特性较软，随着转矩的增大导致转速下降较快，所以不会引起由于负载过大导致的电机过载。但是由图 2-5 可知，负载转矩趋近于零时，电机转速将趋近于无穷大，故串励式直流电机不允许空载运行，也不允许带传动，以免传动带脱落造成"飞车"现象。

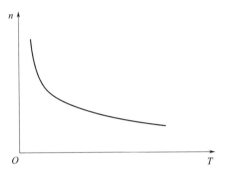

图 2-5　串励式直流电机的机械特性曲线

串励式直流电机启动时磁路没有达到完全饱和，串励式直流电机的启动转矩虽然不能与 I_a^2 成正比，但也比他励式直流电机的启动转矩（与 I_a 成正比）大，故串励式直流电机适用于启动困难且不空载运行的机械。电动汽车需求的启动转矩大，且不会空载，故串励式直流电机在低速电动汽车上有着很多的应用。

当电机的电磁转矩 T 方向改变时，电机就可以反向拖动运行。由直流电机的电磁转矩公式 $T=K_T\Phi I_a$ 可知，改变磁通 Φ 的方向或者改变电枢电流 I_a 的方向，都可以改变电磁转矩的方向，实现电机的反转。他励式直流电机的励磁磁通 Φ 的方向由励磁电流 I_f 的方向决定，改变励磁电压 U_f 的方向就可以改变励磁电流 I_f 的方向。但是，他励式直流电机的励磁绕组匝数比较多，具有较大的电感，反向磁通建立过程较慢，通常采用改变电枢电流 I_a 方向的方法实现电机的反转。

电动汽车的制动有机械制动和电气制动两种制动方法。机械制动方法与传统汽车制动方法相同，通过制动片与制动盘之间的摩擦对汽车进行制动。对于电动汽车来说，还可以使用电气制动的方法。电机在运行过程中，如果电磁转矩 T 与电机转速 n 方向一致，那么 T 为拖动转矩，电机运行在电动状态；如果电磁转矩 T 与电机转速 n 方向相反，那么 T 为制动转矩，电机就运行在制动状态。电机的电气制动有能耗制动、回馈制动和反接制动三种方式。能耗制动时，切断供电电源，将电枢绕组两端接通（通常串入一个限流电阻）。因为电机转速不能突变，电枢电动势 E_a 也不变，在电枢电动势 E_a 的作用下，电枢电流 I_a 反向，产生制动转矩。反接制动时，通过对供电电压的反接，产生反向的电枢电流进行制动。回馈制动时，设法使电枢电动势 E_a 大于电枢电压 U，迫使 I_a 反向，产生制动转矩，同时电机向电源馈电。汽车在行驶过程中，将会有大量的能量浪费在制动的损耗上，通过回馈制动，可以对一部分汽车动能进行回收利用，对增加电动汽车的续驶里程具有一定的意义，回馈制动是目前电动汽车电机技术研究的焦点之一。

如图 2-6 所示，电机正向电动运行时，电机电磁转矩 T 与转速 n 都为正方向，这时电机工作在转矩-转速坐标系的第一象限；电机反向电动运行时，电磁转矩 T 与转速 n 方向都为负，电机工作在第三象限；如果转速 n 方向为正，电

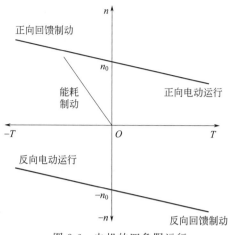

图 2-6 电机的四象限运行

磁转矩 T 方向为负,那么电机工作在正向运行的制动状态,这时电机工作在第二象限;如果转速 n 方向为负,电磁转矩 T 方向为正,那么电机工作在反向运行的制动状态,这时电机工作在第四象限。电动汽车的电机要求能够在四个象限内运行。

2.1.3　直流电机的调速方法

由直流电机的自然机械特性曲线可知,电机的转速与电磁转矩存在着单值关系,而电机在稳态时的电磁转矩是由负载转矩所决定的,故直流电机工作在自然机械特性时的转速是无法控制的。由式(2-4)可知,如果改变电机的电枢电压 U、磁通 $\varPhi$ 或电枢回路电阻 R_a,就可以改变电机的机械特性曲线。因此,直流电机的调速方法分为电枢降电压调速、电枢回路串电阻调速与改变磁通调速。电动汽车上通常采用电枢降电压调速和改变磁通调速。

由式(2-4)可知,如果改变了电机的电枢电压,就改变了电机的空载转速 n_0,而电机机械特性曲线的斜率不受影响。故电机工作在不同的电枢电压时,其机械特性曲线为一簇平行的直线,由于电机不能工作在额定电压之上,故只能降低电源电压进行额定转速 n_N 向下调速。其机械特性如图 2-7 所示。

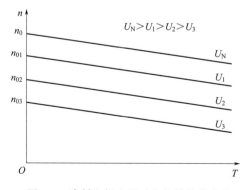

图 2-7　降低电枢电压时的机械特性曲线

如果直流电机电枢电压不变,改变电机的磁通,也可以改变电机的机械特性。由于电机的磁通不能超过其磁路饱和状态时的磁通,故只能减小磁通进行调速,由式(2-4)可知,如果降低了磁通 Φ,其空载转速 n_0 将会增大,但机械特性曲线斜率也会发生改变。他励式直流电机的弱磁调速机械特性如图2-8所示,属于额定转速以上的向上调速。

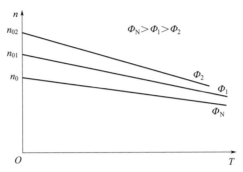

图 2-8　他励式直流电机弱磁调速机械特性曲线

随着电力电子技术及微控制器技术的发展,直流电机的降电压调速与弱磁调速都可以实现无级调速。把两者配合起来,可以实现双向调速,基速以下采用降压调速,基速以上采用弱磁调速。

电机调速时所带负载的能力,可以用电机允许输出的转矩和允许输出的功率来表示。确定允许输出转矩和功率的大小所考虑的前提条件是合理地使用电机,电机在不同转速下运行时,电枢电流都等于额定值不变时为最合理的使用,故用电机电枢电流 $I_a=I_N$ 不变时,电机允许输出的转矩和功率来表示电机带负载的能力。降低电源电压调速时,若保持 $I_a=I_N$ 不变,电磁转矩 $T=K_T\Phi I_N=T_N$ 也基本保持不变,称这种调速方式为恒转矩调速。在恒转矩调速时电机允许输出的转矩保持不变,与转速无关,这时允许输出的功率与转速成正比变化。在电机的弱磁调速时,可以证明,若保持 $I_a=I_N$ 不变,电机功率也基本保持不变,称这种调速方式为恒功率调速。在恒功率调速时电机允许输出的功率保持不变,与转速无关,这时允许输出的转矩与转速成反比变化。图2-9显示了恒转矩调速与恒功率调速的配合方式。在基速以下时,采用降低电源电

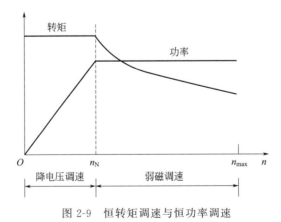

图 2-9　恒转矩调速与恒功率调速

压的恒转矩调速方式，这时励磁磁通为额定状态；基速以上时采用降低磁场磁通的恒功率调速方式，这时电枢电压为额定值。需要指出的是，恒转矩调速方式与恒功率调速方式，都是用来表征电机采取某种调速方式时带负载的能力，并不是指电机的实际输出。在电机实际运行时，电磁转矩的大小取决于负载转矩的大小。恒转矩与恒功率的含义是若保持 $I_a = I_N$ 不变，可以恒转矩输出和恒功率输出。

如果电机电流可以超过额定值运行，可以用 $I_a = I_{max}$ 时的转矩及功率来确定恒转矩曲线及恒功率曲线。

2.1.4 直流电机的脉宽调制控制

当需要对电机的电枢电压大小进行控制时，脉宽调制（Pulse Width Modulation，PWM）控制方法已经成为主流控制方法。其控制原理如图 2-10 所示。

图 2-10(a) 中，当开关 S_1 接通时，电源电压加到电机电枢两端，电机旋转，同时电枢电感储存能量；当开关 S_1 断开时，电源停止向电机提供能量，但电枢电感存储的能量通过与电机电枢反向并联的二极管续流，电流降为零之前，电机仍然能继续旋转，开关以极高的频率不停地关闭和断开（通常为 1～10kHz），电枢电压和电流如图 2-10(b) 所示。电枢电压的平均值 U_{av} 为

$$U_{av} = \frac{1}{T} \int_0^T u_a \mathrm{d}t = \frac{1}{T} \int_0^{t_\infty} U \mathrm{d}t = \delta U \quad (2-6)$$

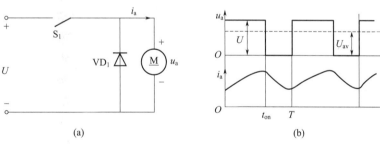

图 2-10 PWM 控制原理

式中，δ 为占空比，为开关导通时间与导通周期的时间比。δ 的变化范围为 $0 < \delta < 1$。电枢电压的平均值 U_{av} 由电源电压和占空比所决定，这样，就可以通过控制占空比 δ 的大小来控制电机的电枢电压，实现对电机的调压控制。

目前，在 PWM 控制中，通常使用定频调宽法来改变占空比的值，即保持周期 T（或频率）不变，改变开关导通时间 t_{on} 来改变占空比的大小。实际应用中，开关 S_1 为一个可控的开关管（通常使用 MOSFET 管或 IGBT 管），通过高频的 PWM 信号来控制其导通与关断，实现 PWM 控制。

电动汽车的驱动电机通常需要进行四象限运行，通过采取如图 2-11 所示的 H 桥电路即可实现对直流电机的四象限运行控制及制动方式的控制。其中 $V_1 \sim V_4$ 为开关管，$VD_1 \sim VD_4$ 为续流二极管。

对于图 2-11 所示的桥式电路，以电机正向旋转为例，可以控制电机工作在

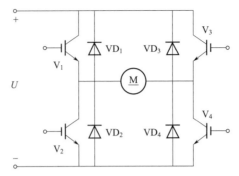

图 2-11 直流 PWM 控制 H 桥式电路

以下四种状态,并且不存在电流断续的状态。

① 电动状态。当 V_1、V_4 导通、V_2、V_3 关断时,电机电枢绕组通过正向电流,电机工作在正向电动运行状态。

② 电动续流状态。当处于电动状态时,若 V_1 的 PWM 信号变为低电平时,V_1 将关断,V_4 继续导通。此时电机电枢的电压为零,由于电枢绕组存在电感,其电流不能突变,电枢绕组的自感电动势将克服反电动势 E_a 通过 V_4 与 VD_2 进行续流,电机消耗存储在电感中的能量进入电动续流状态,此时电流将持续衰减。

③ 能耗制动状态。电机续流结束时,如果将 V_2 打开、V_4 关断,此时因电机继续正向旋转,反电动势 E_a 方向不变,电机在反电动势的作用下将通过 V_2、VD_4 产生一个反向的电流,电机相当于工作在能耗制动的状态。

④ 再生制动状态。在能耗制动时,如果使 V_2 关断,电流失去续流通路,将会迅速减小,电流的减小会感生出与电源电动势方向相反的感生电动势,通过二极管 VD_1、VD_4 对电源馈电,实现再生制动。

同样,电机反向运行时也可以通过控制实现以上四种状态。

2.1.5 直流电机的转矩与转速控制

如果想对电机的运行进行精确控制,那么必须能够对电机的电磁转矩进行控制。因为作用在电机上的合转矩为电机电磁转矩与负载转矩之差,而转速为转矩的积分,位移为速度的积分,只要控制了电机的电磁转矩,就可以控制电机的速度或是位置,实现对电机动态特性的控制。直流电机的转矩在主磁极励磁磁通保持恒定的情况下与电枢电流呈线性关系,通过对电枢电流闭环控制就可以实现快速而准确的转矩控制。控制系统框图如图 2-12 所示,由检测到的电枢电流 I_a 求得电机的实际转矩 T,给定转矩 T^* 与实际转矩 T 做差后通过转矩控制器(通常是 PI 调节器)进行调节,得出电机电枢的给定电压 U,通过 PWM 控制后给电机供电。

如果希望精确控制电机的转速,可将转速反馈,在转矩环外面再加上转速闭环控制,给定转速 n^* 与实际转速 n 做差后通过转速控制器(通常也是 PI 调

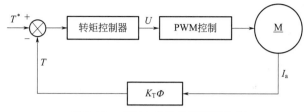

图 2-12　直流电机的转矩闭环控制

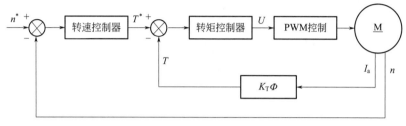

图 2-13　直流电机的转速、转矩闭环控制

节器）进行调节得出电机电枢的给定转矩 T^*，如图 2-13 所示。转矩环在内，可以充分利用电机的过载能力获得快速响应。转速环在外，实现转速的无静差调节，这种控制方法也称为直流电机的双闭环控制。

2.1.6　直流电机的特点

由于直流电机的转矩与电枢电流成正比，故直流电机可以通过简单的控制方法获得良好的动态控制性能。通过对直流电机的电枢电压控制，实现基速以下调速，通过对励磁绕组电流的控制，实现电机的弱磁升速。直流电机可以快速地进行启动、制动、正反转，并且在低速时可以平滑地运转。他励式、并励式、串励式、复励式的直流电机在实际中都得到了应用，串励式直流电机还具有低速时自动获得大转矩的优点，符合汽车所要求的转矩特性。

但是，由于直流电机需要通过电刷和换向器进行换向，容易造成电刷和换向器的磨损，换向不良时还会产生火花，因此直流电机的可靠性较差，必须定期进行维护。并且直流电机不适合进行高速运转。同等功率下，直流电机体积、重量较大。现阶段，在大功率的电动汽车中，直流电机已经日益被更加坚固、耐用的交流电机所取代，但是在小功率的电动汽车中，由于直流电机价格低廉、控制简单、技术成熟，在一段时间内还将继续存在。

2.2　交流感应电机及其驱动系统

交流感应电机又称异步电机，它具有结构简单、价格低廉、坚固耐用、运行可靠等特点，在大功率电动汽车驱动电机上有着广泛的应用。

2.2.1 交流感应电机的工作原理

交流感应电机也是由定子和转子两大部分组成，定子主要由定子铁芯、定子绕组和机座三部分组成。定子铁芯为主磁路的一部分，由硅钢片叠压而成，在其内圆周上冲满槽，槽内安放三相对称绕组，三相绕组常按星形方式连接。转子由转子铁芯、转子绕组和轴承组成。转子铁芯也是主磁路的一部分，也由硅钢片叠压而成。转子绕组分为笼型（图2-14）和绕线型（图2-15）两种。笼型绕组为自动闭合的对称多相绕组，它由插入每个转子槽中的导条和两端的端环构成，一根导条为一相绕组。由于笼型转子结构简单、制作方便、经久耐用，电动汽车上的交流感应电机一般为笼型转子结构。

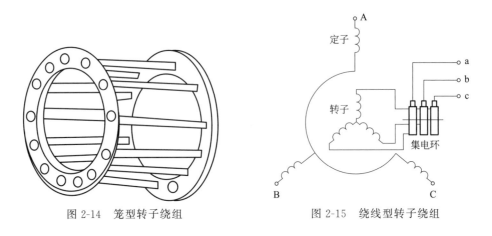

图 2-14　笼型转子绕组　　　图 2-15　绕线型转子绕组

交流感应电机的工作原理如图2-16所示，三相对称的定子绕组通上三相交流电后，将在气隙上产生一个旋转磁场，旋转磁场的转速 n_1 取决于电机的磁极对数 p 和三相交流电的频率 f，$n_1 = 60f/p$。这个旋转磁场切割转子的绕组，在转子绕组中感应出感生电动势，产生感生电流，该电流与旋转磁场相互作用，产生电磁转矩，使转子跟随旋转磁场同方向旋转。如果转子的转速 n 与旋转磁

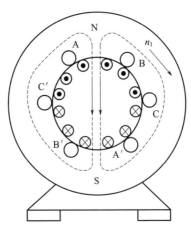

图 2-16　交流感应电机的工作原理

场转速相同,那么旋转磁场与转子绕组没有相对运动,旋转磁场不再切割转子绕组,就不能在转子中产生感生电动势,也就不能产生转子电流和电磁转矩,因此转子的转速 n 永远也赶不上旋转磁场的转速 n_1,不可能达到同步,这就是交流感应电机也被称为异步电机的原因。把 $\Delta n = n_1 - n$ 称为转速差,$s = \Delta n / n_1$ 称为转差率。一般交流感应电机的转差率为 0.02~0.05。

感应电机的额定值也有额定功率 P_N(kW)、额定电压 U_N(V)、额定电流 I_N(A)、额定转速 n_N(r/min) 和额定频率(Hz)等参数。其中额定功率指电机的输出功率,额定电压、额定电流是指额定运行时定子的线电压和线电流,额定转速指额定运行时转子的转速,额定频率指通入定子三相交流电的频率。

2.2.2 交流感应电机的特性分析

由电机理论可知,当交流感应电机三相交流电的电压、频率都为固定值时,其机械特性曲线如图 2-17 所示。

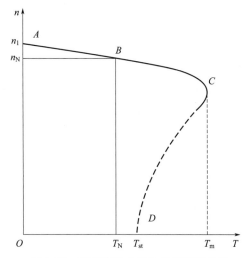

图 2-17 交流感应电机的机械特性曲线

A 点为同步运行点,该点 $T=0$,$n=n_1$,此时电机不能进行能量转换。

B 点为额定运行点,此时电机为额定运行状态。

C 点为最大转矩点,该点时转矩达到最大值。此时所对应的转差率 s_m 为额定转差率。$0 < s < s_m$ 时,转矩随着转速的增加而减小;$s > s_m$ 时,转矩随着转速的减小而减小,如果电机在此区域内工作,那么负载稍有扰动,就会造成电机运行状态的不稳定,故电机只能工作在 $0 < s < s_m$ 区域内。

D 点为启动点,所对应的转矩为启动转矩。可知该点的转矩小于电机的最大转矩,这不符合汽车低速大转矩的要求。

综上所述,交流感应电机在固定电压和频率时的运行状态不适于汽车牵引的要求,必须加以控制来改变其特性。

2.2.3 交流感应电机的矢量控制

直流电机在主磁极励磁磁通保持恒定的条件下,其电磁转矩与电枢电流呈线性关系,通过电枢电流的控制就可以实现准确的转矩控制。交流感应电机的定子电流与电磁转矩之间具有复杂的非线性关系,因此它不可能像直流电机一样通过简单的调节电枢电流来控制电磁转矩。并且直流电机的励磁电流和电枢电流是各自分开独立控制的,而交流感应电机只能对定子进行控制,使控制难度加大。交流感应电机的常用控制方法有变压变频控制、转差频率控制、矢量控制和直接转矩控制等几种,其中矢量控制技术能使交流感应电机得到和直流电机一样的调速特性,目前已经成为较理想的高性能交流感应电机的控制方法。

交流电机矢量控制理论的主要控制思想就是把异步电机的转矩控制模拟成直流电机的转矩控制,通过对定子电流的解耦,把定子电流分成两个正交分量:一个是用来产生转子磁通的励磁分量,相当于他励式直流电机的励磁电流;另一个是用来产生电磁转矩的转矩分量,相当于直流电机的电枢电流。由此,可以把交流感应电机的转矩控制模拟成直流电机的转矩控制。

根据矢量控制思想可得出交流感应电机矢量控制系统框图,如图 2-18 所示。

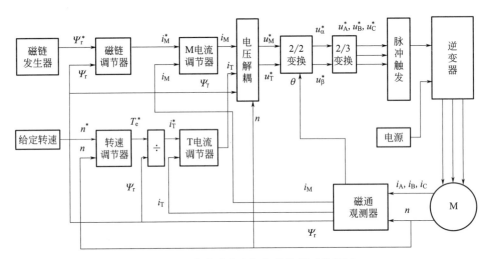

图 2-18 交流感应电机矢量控制系统框图

如图 2-18 所示,首先由测得的交流感应电机定子三相电流和转子转速,通过磁通观测器(内含坐标变换)得出定子电流,再得 $M\text{-}T$ 坐标系下的分量 i_M、i_T,转子磁链 Ψ_r 和 Ψ_r 与 α 轴的夹角 θ。给定转速和反馈的电机转速通过转速调节器后得出给定转矩 T_e^*,由 T_e^* 和 Ψ_r 计算出给定的定子 T 轴电流 i_T^*,它和反馈的 i_T 进行闭环控制。磁链发生器给出转子磁链的额定值,和反馈的 Ψ_r 闭环后得出给定的定子 M 轴电流和反馈的电流进行闭环控制。由电流调节器输出的 $M\text{-}T$ 轴定子给定电流,通过定子电压解耦得 $M\text{-}T$ 轴定子给定电压 u_M^*、u_T^*。再通过旋转变换和 2/3(二相/三相)变换得出三相静止坐标系下定子电压

的期望值 u_A^*、u_B^*、u_C^*。根据定子电压的期望值，控制逆变器向交流感应电机进行输电。图 2-18 中的四种调节器多为 PI 控制器。

2.2.4　交流感应电机的特点及应用

与直流电机相比，交流感应电机本身的结构简单、体积小、重量轻、寿命长，笼型交流感应电机更加可靠耐用，甚至可以免维护。交流感应电机可以获得很高的转速，并有较高的调速范围。低速时可以获得大转矩，高速时效率高。从电机的控制性来看，交流感应电机的控制比较复杂，其控制性能一度较差，但近年来随着电力电子技术和数字信号处理器技术的不断进步，以及各国学者对交流感应电机控制技术研究的不断深入，交流感应电机的控制性能得到大幅提高，已接近直流电机的控制性能，可以满足电动汽车的动力性要求。从成本方面来看，交流感应电机本体的成本要比直流电机低，但其控制器的成本较高，随着电力电子技术的进步，其控制器的成本也在逐渐降低。在电动汽车上，交流感应电机已经得到很多的应用，尤其是在高速大功率的电动汽车上，交流感应电机有着很广阔的应用前景。

2.3　永磁同步电机及其驱动系统

永磁电机由于其效率高、转矩响应快等特点，得到了广泛的应用。电动汽车用的交流永磁电机根据其结构及控制方法主要分为两种，一种是通以方波电流的方波永磁同步电机，一种是通以正弦波电流的正弦波永磁同步电机。两种电机的结构基本相同，但控制方法有着很大的差别。由于方波永磁同步电机控制方法与直流有刷电机类似，习惯上通常把方波永磁同步电机称为永磁无刷直流电机，而把正弦波永磁同步电机称为永磁同步电机。

2.3.1　永磁无刷直流电机及其驱动系统

永磁无刷直流电机是从有刷直流电机的基础上发展而来的。对于有刷直流电机而言，由于存在电刷和换向器的机械接触结构，使其有着造价高、噪声大、换向时会产生火花、电磁干扰大、寿命短和可靠性差等问题，大大限制了其使用范围。基于上述弊端，20 世纪 60 年代研制出以电子换向代替机械换向的永磁无刷直流电机。

(1) 永磁无刷直流电机的结构和工作原理

永磁无刷直流电机的结构与永磁有刷直流电机类似，只不过永磁有刷直流电机的永磁体是在定子上，电枢绕组在转子上；而永磁无刷直流电机的电枢绕组设置在定子上，永磁体设置在转子上。永磁无刷直流电机主要由电机本体、位置传感器和电子开关电路三部分组成。电机的定子绕组和交流电机的定子绕组很相似，一般制成多相，通常为三相或四相，多为星形连接且无中线引出。转子由一定极对数的永磁体镶嵌在铁芯表面或者嵌入铁芯内部构成。图 2-19 所示为一四极永磁无刷直流电机的结构，其截面如图 2-20 所示。

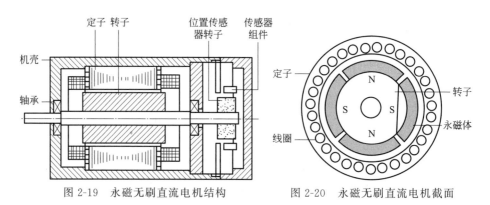

图 2-19　永磁无刷直流电机结构　　　　图 2-20　永磁无刷直流电机截面

　　在有刷直流电机中，电机的电枢在转子上，定子的作用是产生固定不变的磁场。为了使电机能够旋转，需要通过换向器和电刷不断改变电枢绕组中的电流方向，使励磁磁场和电枢电流产生的磁场始终保持相互垂直，从而产生恒定的转矩驱动电机不断地旋转。如果永磁无刷直流电机定子的电枢通上不变的直流电，只会产生不变的磁场，而转子为极性固定的永磁体，电机无法进行旋转。为了能够让电机旋转起来，必须使定子绕组的电流随着永磁体的旋转而不断地换向。永磁无刷直流电机的换向是通过位置传感器和电子换向电路来实现的。实际中，利用位置传感器实时地检测出转子磁极的位置，然后利用电子换向电路按照一定的逻辑驱动与电枢绕组相连的功率开关管，对定子绕组进行电流换向。电机在旋转过程中，从定子看来，在任一绕组下的永磁体极性虽然 N、S 两极不断地交替更换，但绕组中的电流也随着永磁体极性的更换而更换；从转子看来，在任一转子磁极下的定子绕组虽然不断地改变，但它们中通过的电流方向始终不变。这样就一直产生同方向的电磁转矩，电机就可以不停地进行旋转。这就是永磁无刷直流电机的电子换向原理。

　　永磁无刷直流电机的位置传感器起着检测转子磁极位置的作用，并为逻辑控制电路提供正确的换向信号。永磁无刷直流电机采用的位置传感器有电磁式、光电式和霍尔式几种，它们都将转子的磁极位置信号转换成电信号，反馈给控制器来控制定子绕组进行电流换向。目前永磁无刷直流电机中多使用体积小、使用方便且价格低廉的霍尔传感器。

　　下面以三相永磁无刷直流电机为例，来说明其工作过程。图 2-21 所示为三相永磁无刷直流电机的工作原理，为了使分析简化，只选有一对磁极。电机的定子绕组分别为 A 相、B 相、C 相，每相在空间上间隔 120° 的电角度，每相上放置一个位置传感器，每相电流的通断由一个电子开关管控制。

　　永磁无刷直流电机转子位置与通电绕组的关系如图 2-22 所示。当转子处于图 2-22(a) 所示位置时，B 相的位置传感器发出感应信号送给电机控制器，控制系统输出控制信号将开关管 V_1 导通，A 相绕组通电，元件边 A 电流方向为

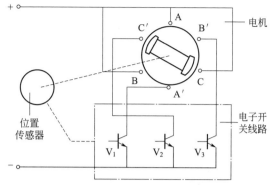

图 2-21　三相永磁无刷直流电机工作原理

垂直纸面向里，元件边 A′电流方向为垂直纸面向外，A 相绕组产生的磁场与转子永磁体相互作用，产生电磁转矩推动转子逆时针旋转；当转子转过 120°电角度到达图 2-22(b) 所示位置时，C 相的位置传感器发出感应信号送给电机控制器，控制系统输出控制信号将开关管 V_2 导通，B 相绕组通电，继续产生逆时针方向的电磁转矩；当转子再转过 120°电角度到达图 2-22(c) 所示位置时，A 相的位置传感器发出感应信号，开关管 V_3 导通，C 相绕组通电，依旧产生逆时针方向的电磁转矩，推动转子旋转至图 2-22(d) 所示位置，这样就又回到原来的状态，如此循环，电机就可以不停地旋转。

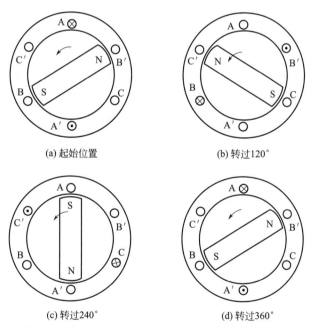

图 2-22　永磁无刷直流电机转子位置与通电绕组的关系

（2）永磁无刷直流电机的驱动电路

永磁无刷直流电机的驱动电路可分为半桥式和全桥式两种，每种方式又分为星形连接和三角形连接。在现代工业中，星形连接的全桥式驱动电路得到了广泛的应用，其电路如图 2-23 所示。

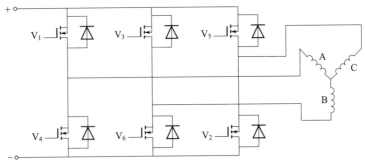

图 2-23 星形连接绕组三相全桥驱动电路

$V_1 \sim V_6$ 为六个可控开关管，分为 V_1-V_4、V_3-V_6、V_5-V_2 三组，V_1、V_3、V_5 称为上桥臂管，V_4、V_6、V_2 称为下桥臂管，每个开关管反向并联一个续流二极管。它有多种逻辑导通方式，下面以最常用的二二导通方式为例，来说明换向过程。二二导通方式就是每次使两个开关管同时导通，如图 2-23 所示，在每个 360°电角度周期内，开关管导通顺序为 V_1V_2、V_2V_3、V_3V_4、V_4V_5、V_5V_6、V_6V_1，一共有六种导通状态，每种导通状态持续 60°电角度，每个开关管持续导通 120°电角度，每更换一种状态更换一个导通的开关管。以 A 相绕组元件边 A 位置为 0°角度，逆时针为正，当转子 N 极处于图 2-22 中转子磁极 0°~60°位置时（A-C′间），令 V_1V_2 导通，电流流向为电源正极→V_1→A 相绕组→C 相绕组→V_2→电源负极，A 相绕组流过正方向电流，C 相绕组流过反方向电流。参照图 2-22，绕组 A、C′电流为垂直纸面向里，绕组 A′、C 电流为垂直纸面向外，合成磁场方向为 B′-B，可判断合成转矩为逆时针方向，转子将逆时针方向旋转。当转子转到 60°~120°位置时（转子 N 极正对 C），这时将开关管 V_2V_3 导通，电流流向为电源正极→V_3→B 相绕组→C 相绕组→V_2→电源负极，B 相绕组流过正方向电流，C 相绕组流过反方向电流，合成磁场方向为 A-A，合成转矩仍为逆时针方向。其他状态依此类推，电机将一直进行旋转。

永磁无刷直流电机实现反转的原理与有刷直流电机原理一样，只要改变电枢电流的方向就可以改变电磁转矩的方向。借助逻辑判断来改变开关管的导通顺序，就可以实现电机的反转。如图 2-22 所示的电机绕组与图 2-23 所示的驱动电路，在每个 360°电角度周期内（顺时针为正），反转时开关管导通顺序为 V_3V_4、V_2V_3、V_1V_2、V_1V_6、V_5V_6、V_4V_5。

(3) 永磁无刷直流电机的 PWM 控制

虽然永磁无刷直流电机的工作原理与有刷直流电机不同，但其机械特性曲线和有刷直流电机非常相似，也可采用 PWM 控制方法对其进行调压控制。当三相全桥驱动星形连接的永磁无刷直流电机采用二二导通方式时，每个时刻有两个开关管导通，并且一个在上桥臂，一个在下桥臂，其控制方式分为以下五种。

① PWM_ON 方式：每个开关管导通的 120°电角度区间内，前 60°进行 PWM 控制，后 60°保持常开。

② ON_PWM 方式：每个开关管导通的 120°电角度区间内，前 60°保持常

开，后 60°进行 PWM 控制。

③ H_PWM-L_ON 方式：任一导通区间内，上桥开关管始终进行 PWM 控制，下桥开关管保持常开。

④ L_PWM-H_ON 方式：任一导通区间内，下桥开关管始终进行 PWM 控制，上桥开关管保持常开。

⑤ H_PWM-L_PWM 方式：任一导通区间内，上桥开关管和下桥开关管始终进行 PWM 控制。

对永磁无刷直流电机的 PWM 控制方式，总体来看比较一致的观点认为，从换向的开关损耗、散热方面和换向过程中的转矩脉动方面来看，PWM_ON 方式要优于其他的方式。

永磁无刷直流电机也可以使用电流闭环的方式对其实现转矩控制，还可以进一步对转速闭环实现转速控制，其控制原理与有刷直流电机相同。

(4) 永磁无刷直流电机的特点及应用

永磁无刷直流电机不仅继承了直流电机调速性能好的优点，还具有交流电机结构简单、运行可靠、维护方便的优点。此外，永磁无刷直流电机由于采取了永磁体的励磁方式，没有励磁的功率损耗，因此具有很高的效率。永磁无刷直流电机的永磁体具有非常高的磁感应强度，在相同的条件下，永磁无刷直流电机体积小且重量轻。

由于永磁直流无刷电机在运行过程中，定子通电产生的磁场为在空间上跳跃式旋转的磁场，因此永磁无刷直流电机在运行中存在着较大的转矩脉动，影响电机的控制性能。很长时间以来，国内外的研究人员对永磁无刷直流电机的转矩脉动问题做了大量的研究，提出了一些削弱和补偿的方法，但是还不能从根本上消除转矩的脉动问题及由转矩脉动带来的噪声问题。

取决于转子磁轭与永磁体之间安装的机械强度，表面贴装式的永磁无刷直流电机的转速受到影响，不能进行高速运行。永磁直流无刷电机受其结构及控制方式的影响，很难进行弱磁升速控制。

目前在微型、小型的电动汽车中永磁无刷直流电机已经得到了广泛的应用，有着很广阔的应用前景。

2.3.2 永磁同步电机及其驱动系统

永磁同步电机（Permanent Magnet Synchronous Motor，PMSM）由于其效率高、控制精度高、转矩密度大等特点被广泛地用做电动汽车的驱动电机。

(1) 永磁同步电机的结构和工作原理

永磁同步电机也是由定子和转子两大部分组成的。定子由铁芯、电枢绕组、机座、端盖等几部分组成，铁芯由硅钢片叠制而成，电枢绕组也为三相对称绕组，其结构与交流感应电机定子结构基本相同。转子为永磁体，多采用稀土材料制作而成。其工作原理如图 2-24 所示，电机的定子三相对称绕组通上三相对称的交流电后，会流过三相对称的电流，它将会产生一个圆形的旋转磁场（用

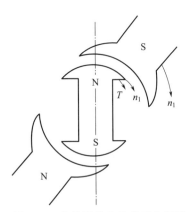

图 2-24 永磁同步电机的工作原理

一个旋转的永磁体代替),这个旋转磁场与转子永磁体的磁场相互作用,将会拖动转子进行旋转。与交流感应电机不同,旋转磁场的转速与电机转子的转速一定是相同的,不可能有转速差。因为如果存在着转速差,旋转磁场和转子磁极的位置就会不断地发生改变,一段时间内,旋转磁场和转子磁场 N、S 两极相对,旋转磁场拖动电机旋转,过一段时间,旋转磁场和转子磁场 N、N 两极相对,旋转磁场阻碍电机旋转,这样交替运行,电机所受平均力矩为零,电机不能运转。因此,永磁同步电机工作时转子转速必须与旋转磁场转速相同,两者在空间相对位置保持不变,这样转子磁场才能有稳定的磁拉力,形成固定的电磁转矩。这也正是称其为同步电机的原因。

为了充分利用和发挥永磁材料的特性,通常采用具有矩形截面的条形永磁体,将其粘贴在转子铁芯表面或镶嵌在转子铁芯中。图 2-25(a) 所示为面装式(也称凸装式)永磁体转子结构,图 2-25(b) 所示为插入式永磁体转子结构,图 2-25(c) 所示为径向充磁的内装式永磁体转子结构,图 2-25(d) 所示为横向充磁的内装式永磁体转子结构。不同结构的转子,具有不同的特性,插入式和内装式永磁体转子具有凸极效应,它的漏磁系数比较大,气隙磁通相对小一些,转子结构比较坚固,允许在比较高的速度下运行;面装式永磁体转子基本没有凸极效应,漏磁系数比较小,气隙磁通相对大一些,为了提高其结构强度,可以采用非磁性材料绑扎在转子外表面,以便适应高速运行的情况。

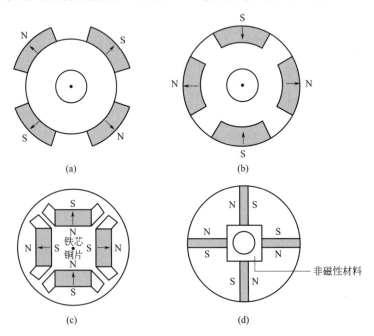

图 2-25 永磁同步电机转子结构

(2) 永磁同步电机的矢量控制

永磁同步电机三相对称定子绕组通上三相对称交流电后，在定子中感应出的电动势为正弦波，因此永磁同步电机也可以采用矢量控制算法进行控制。

具体实现永磁同步电机的矢量控制有很多种方案，图 2-26 所示为面装式永磁同步电机矢量控制原理。通过光电编码器或分解器检测出电机转子位置 θ_r，由电流传感器检测出定子三相电流（由于电机没有零序电流，实际检测两项就够了）。通过 Clarke 变换和 Park 变换求出 i_d、i_q 以及电机的当前实际转矩 T。电机期望转速 ω_r^* 与反馈回来的电机实际转速 ω_r 比较做差后，通过转速控制器输出电机现在的期望转矩 T^*。T^* 与 T 比较做差后，通过转矩控制器输出电机的期望 q 轴电流 i_q^*。令电机 $i_d^*=0$，通过坐标逆变换得到定子的三相电流期望值 i_A、i_B、i_C。由求得的 i_A、i_B、i_C 控制电流型逆变器向电机三相绕组通电，由此可以实现永磁同步电机转速、转矩的控制。

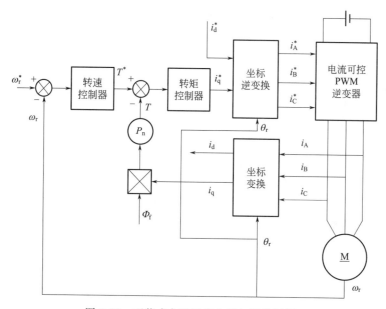

图 2-26　面装式永磁同步电机矢量控制原理

(3) 永磁同步电机的特点及应用

在电动汽车驱动电机里，永磁同步电机具有很多的优点。永磁同步电机的功率密度大，使得其具有体积小、重量轻的优点；与交流感应电机相比，永磁同步电机不需要励磁电流，可以显著地提高功率因数，减少定子铜耗，而且永磁同步电机在 25%～120% 额定负载范围内均可保持较高的效率和功率因数，使轻载运行时节能效果更为显著；永磁同步电机磁感应强度高、动态响应快。高永磁磁感应强度、低转子质量，带来高转矩惯量比，有效提高了永磁同步电机的动态响应能力；与直流电机和电励磁同步电机相比，永磁同步电机的可靠性高；通过矢量控制，永磁同步电机具有精确的可控制性。

永磁同步电机也有着一些缺点，由于采取永磁体的励磁方式，失去了励磁调节的灵活性，可能会出现退磁效应；大容量永磁体制作困难，永磁同步电机现在还只能在中、小功率的汽车中使用；另外，永磁体的价格偏高，制约了它的使用范围。

2.4 开关磁阻电机及其驱动系统

开关磁阻电机诞生之初，一直被认为是一种性能不高的电机，然而通过近20年的研究及改进，其性能已经得到了很大的提高。由于其结构简单、价格便宜，启动及低速时转矩大、电流小；高速恒功率区范围宽、性能好，在宽转速范围内都具有高输出和高效率以及控制简单，这使其在家用电器、伺服与调速系统、牵引电机、高转速电机、电动汽车、航空航天等领域得到了应用。

2.4.1 开关磁阻电机的结构和工作原理

开关磁阻电机驱动系统由开关磁阻电机本体、位置传感器和功率转换器以及控制器组成。定、转子均由硅钢片叠压而成，均为凸极结构，在定子上缠绕着集中绕组，转子上没有绕组，装有位置传感器。径向相对的两个绕组串联形成一对磁极，称为一相。开关磁阻电机可以设计成多种不同的相数结构，且定、转子的极数有多种不同的搭配。其相数越多，步距角越小，利于减小转矩脉动，但结构复杂，且主开关器件多，成本高。由于三相以下的开关磁阻电机无自启动能力，目前应用较多的是三相（6/4）结构及四相（8/6）结构，如图2-27所示。

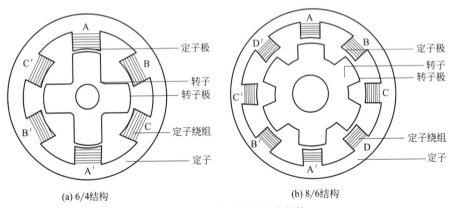

(a) 6/4结构　　　　　　　　(b) 8/6结构

图 2-27　开关磁阻电机的结构

开关磁阻电机的结构和工作原理与传统的交、直流电机存在着根本的区别，它不像传统电机那样依靠定、转子绕组电流产生磁场间的相互作用形成转矩，而是遵循磁阻最小原理——磁通总要沿着磁阻最小的路径闭合的原理工作的。图2-28所示为一四相（8/6）开关磁阻电机的工作原理，其供电电路只画出了一相。

当转子在图2-28所示位置时，定子A相齿极轴线A-A'与转子齿极1的轴

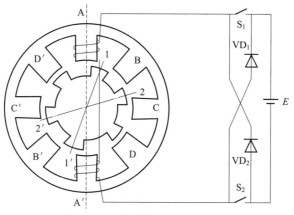

图 2-28　开关磁阻电机的工作原理

线 1-1′不重合的情况下，应使功率转换器中控制 A 相绕组的开关元件 S_1 和 S_2 导通，A 相绕组通电，而 B、C 和 D 三相绕组都不通电。这时电机内建立起以 A-A′为轴线的磁场，磁通通过气隙的磁感应线是弯曲的。此时，磁路的磁阻大于定、转子齿极轴线 A-A′与 1-1′重合时的磁阻，转子受到气隙中弯曲磁感应线的切向磁拉力所产生的转矩作用，使转子逆时针方向转动，转子齿极 1 的轴线 1-1′向定子齿极 A 的轴线 A-A′趋近。当轴线 1-1′和轴线 A-A′重合，即 A 相定、转子齿极对齐时，切线方向的磁拉力消失，转子停止转动，此时称转子达到稳定平衡位置。这时，B 相定子齿极轴线 B-B′与转子齿极 2 的轴线 2-2′相对位置与图 2-28 中 A 相的情况相同。此时，控制器根据位置传感器提供的位置信息，断开 A 相开关 S_1 和 S_2，并合上对应的 B 相开关，使 A 相绕组断开的同时 B 相绕组通电。这时依然产生逆时针方向的切向磁拉力，转子仍然逆时针方向旋转。依此类推，当定子绕组按 A-B-C-D 的顺序轮换导电一周时，转子逆时针方向转过一个转子极距。若连续不断地按 A-B-C-D 的顺序周期性地接通各相定子绕组，则转子将不断地进行旋转。每相开关导通时所对应的时间角度称为开通角 θ_{on}，关断时所对应的时间角度称为关断角 θ_{off}。如果改变定子绕组的通电顺序，即可改变电机的转向。显然，改变通电相电流的方向并不影响转子的旋转方向。

开关磁阻电机的功率转换器连接电源和电机绕组的开关部件。开关磁阻电机的功率转换器主电路的结构形式与供电电压、电机相数及主开关器件的种类有关。在整个控制系统成本中，功率转换器占有很大的比重，合理选择和设计功率转换器是提高开关磁阻电机控制系统的性能价格比的关键之一。图 2-29 所示为三相开关磁阻电机的一种常用的功率转换器主电路，图中 A、B、C 为电机相绕组，$V_1 \sim V_6$ 为各相的可控开关管，$VD_1 \sim VD_6$ 为续流二极管。

控制器通过位置传感器检测的转子位置信息，速度、电流等反馈信息和转速等给定信息，通过分析处理，向功率转换器发出命令，实现对电机运行状态的控制。

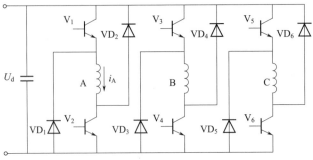

图 2-29 三相开关磁阻电机的功率转换器主电路

2.4.2 开关磁阻电机的控制

开关磁阻电机的控制参数较多，如开通角 θ_{on}、关断角 θ_{off}、相平均电压、斩波占空比等，但实质都是通过调节励磁电流实现对电机的控制。开关磁阻电机主要有三种基本控制方式，即角度位置控制方式、电流斩波控制方式和脉宽调制（PWM）控制方式。

角度位置控制方式就是改变开通角 θ_{on} 和关断角 θ_{off}，通过改变主开关的触发导通时间，从而调节相电流波形，达到调控电机的电磁转矩目的。开关磁阻电机在高速运行时比较适合角度位置控制方式，此时转速较高，电机反电动势较大，电流不易上升，调节开通角 θ_{on} 和关断角 θ_{off} 即可调节电流，从而实现调节开关磁阻电机的转矩。角度位置控制方式有较大的灵活性，是目前应用最多的一种控制方式。其主要问题在于低速区不能工作，必须配合其他的方法。

电机在低速工作特别是启动时，反电动势小，相电流上升快，多采用电流斩波控制，以期限制电流峰值，取得恒转矩机械特性。通过反馈的电机电流采取对电流的 hang-bang 控制，即低于电流设定下限时，将开关管导通，高于电流设定上限时，将开关管关闭，则可实现电流的波形平整控制，但缺点是开关管的开关频率不受控制器的直接控制。为增强主开关管的可控性，可采用给定电流上限 I_{max} 与恒定关断时间间隔 ΔT 来进行控制，即在导通区间 $[\theta_{on}, \theta_{off}]$ 内，当相电流上升至 I_{max} 时，检测电路发出信号，控制器接到过流信号立刻关断功率主开关管，电流迅速下降，ΔT 时间间隔后开通功率主开关管，实现相绕组的限流控制。因为恒定关断时间 ΔT 是设定的，所以功率主开关管的开关频率受控制器的直接控制，有利于功率器件的安全、可靠工作。当转速较高时，相电流周期很短，运动电动势较大，阻止了相电流的快速上升，导致其峰值不会很大，每相电流形成单脉冲状态。此时，电流斩波控制起不到调节作用。

PWM 控制方式，是对转换器主开关采用固定的 θ_{on} 和 θ_{off} 通断角触发，并用 PWM 信号复合调制功率主开关相控信号，通过调整占空比调节加在相绕组上的相电压。绕组电流也随电压的调节相应变化，从而实现转速和转矩的调节，PWM 方式既可用于低速运行，也可用于高速运行，适于转速调节系统，且抗负载扰动的动态响应快。缺点是低速运行时转矩脉动较大；功率开关元件的工作频率较高，引起开关损耗较大。

2.4.3 开关磁阻电机的特点及应用

开关磁阻电机具有如下优点。

① 电机转子上无任何绕组，可高速旋转而不致变形；定子上只有集中绕组，端部较短，没有相间跨接线，因而具有结构简单、制造工序少、成本低、工作可靠、维修量小等优点，能适于各种恶劣、高温甚至强振动环境。

② 转子损耗主要产生在定子上，电机易于冷却，转子无永磁体，可允许有较高的温升。

③ 转矩方向与电流方向无关，从而可最大限度简化功率转换器，降低系统成本。

④ 功率转换器不会出现直通故障，可靠性高。

⑤ 启动转矩大，无感应电机在启动时所出现的冲击电流现象。

⑥ 调速范围宽，控制灵活，易于实现各种特殊要求的转矩-速度特性。

⑦ 在宽的转速和功率范围内都具有高效率。

⑧ 可进行四象限运行，具有较强的再生制动能力。

但是，开关磁阻电机也具有如下不足。

① 转矩波动大。

② 噪声与振动大。

开关磁阻电机的主要问题在于噪声与振动大，如果解决了噪声和振动的问题，在电动汽车的车用电机里会得到较广泛的应用。

直流电机、交流感应电机、永磁无刷直流电机、永磁同步电机、开关磁阻电机在电动汽车的驱动系统里都得到了实际的应用。直流电机在早期的电动汽车中应用较多，现在交流感应电机和永磁同步电机成为主流。总体来说，电动汽车用电机要比一般工业生产所使用的电机要求严格，上述任何一种电机都没有满足理想电动汽车驱动电机的要求。

现在使用的各种电动汽车用驱动电机性能比较见表 2-1。

表 2-1 电动汽车用电机性能比较

性能	直流电机	交流感应电机	永磁无刷直流电机	永磁同步电机	开关磁阻电机
效率	一般	较高	高	高	较高
功率密度	一般	较高	高	高	较高
最高转速	一般	高	较高	较高	高
可控制性	好	较好	好	好	一般
可靠性	一般	好	较好	较好	好
耐用性	一般	好	好	好	好
体积/重量	一般	较好	好	好	好
低速时平滑性	好	较好	一般	较好	一般
技术成熟性	好	好	一般	较好	一般

与工业电机一样，电动汽车用电机也已经从直流逐渐过渡到交流，直流电机的使用越来越少。在日本、欧洲，永磁同步电机被广泛地应用在电动汽车中，而在美国，更多地使用交流感应电机。大功率的永磁无刷直流电机技术还不是很成熟。开关磁阻电机也由于振动、噪声、转矩波动大等问题还未大规模使用。

2.5 功率转换器

电动汽车的电子设备是极为复杂的电子系统，该系统不仅包含许多作用不同的功能模块，而且每个功能模块对电源的要求以及所需的功率等级、电压高低、电流大小、安全可靠性和电磁兼容性等指标也不尽相同。为了满足不同模块的不同要求，电动汽车常使用 AC/DC（或 AC-DC）、DC/DC（或 DC-DC）和 DC/AC（或 DC-AC）三种类型的功率转换器，以适用各种不同的需求，其中使用最多的是前两种。

图 2-30 所示为电动汽车（包括混合动力汽车和燃料电池汽车）上使用的各种电能转换器的示例（示例中驱动电机假设为交流电机）。

(1) DC/DC 功率转换器

在新能源电动汽车的电子系统和电子设备中，系统的直流母线不可能满足性能各异、种类繁多的元器件（包括集成组件）对直流电源的电压等级和稳定性等要求，因而必须采用各种 DC/DC（直流/直流）功率转换模块来满足电子系统对直流电源的各种需求。其中，DC/DC 功率转换模块的直流输入电源可来自系统中的电池，也可来自直流总线，这些电源通常有 48V、24V、5V 或者其他电压。由于电压的稳定性能差，且会有较高的噪声分量，要使电子设备正常工作，必须使用一个 DC/DC 功率转换模块，将宽范围变化的直流电压变换成一种稳定性能良好的直流电压。

新能源电动汽车的 DC/DC 功率转换器的主要功能是给车灯、电控单元（Electric Control Unit，ECU）、小型电器等车辆附属设备供电和向附属设备电源充电，其作用与传统内燃机汽车的交流发电机相似。传统汽车依靠发动机带动交流发电机发电供给附属设备及其电源，由于纯新能源（电动）汽车和燃料电池电动汽车无发动机，带有自动停止怠速设备，致使这类汽车无法使用交流发电机提供电源，必须靠主电池向附属设备及其电源供电，因此 DC/DC 功率转换器就成为必备设备。

目前，大多数 DC/DC 转换器只是单向工作，即通过转换器的能量流动方向只能是单向的。然而，对于需要能量双向流动的采用超级电容等的新能源电动汽车，如果仍然使用单向 DC/DC 转换器，则需将两个单向 DC/DC 转换器反方向并联使用，这样虽然可以达到能量双向流动的目的，但总体电路会变得非常复杂，而采用双向 DC/DC 转换器就可以直接完成这种能量的转换。

双向 DC/DC 转换器是指在保持转换器两端直流电压极性不变的情况下，能根据实际需要完成能量双向传输的直流转换器。这种转换器不仅可以非常方便

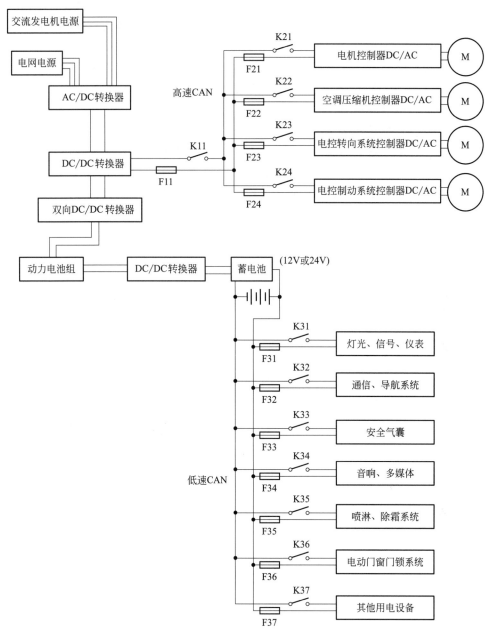

图 2-30 电动汽车电-电（电力）混合供电系统以及各种电能转换器应用示意

F11，K11—电源总熔断器和总开关；F21~F24—各个动力电源熔断器；
K21~K24—各个动力电源开关；F31~F37—各个行车电源熔断器；
K31~K37—各个行车电源开关

地实现能量的双向传输，而且使用的电力电子器件数目少，具有效率高、体积小和成本低等优势。

（2）DC/AC 功率转换器

DC/AC（直流/交流）功率转换器也称 DC/AC 逆变器，是一种应用功率半导体器件将直流电转换成恒压恒频交流电的静止装置，主要供交流负荷用电或交流电网并网发电。一般可分为有源逆变与无源逆变两种：有源逆变是指把直流电逆变成与交流电源同频率的交流电馈送到电网中区的逆变器；在逆变状态下，转换电路的交流侧如果不与交流电网连接而直接与负荷连接，将直流电逆变成某一频率或可调频率的交流电直接供给负荷，则称为无源逆变。

电动汽车中使用的 DC/AC 逆变器多为无源逆变器，其功用主要是将蓄电池或燃料电池输出的直流电转换为交流电提供给交流驱动电机等使用。

(3) AC/DC 功率转换器

电动汽车中 AC/DC（交流/直流）功率转换器的功能主要是将交流发电机发出的交流电转换成直流电提供给用电设备或储能设备。其功率流向可以是双向的，由电源流向负载的称为整流，由负载返回电源流的称为有源逆变。

第3章

驱动电机设计选型基础

3.1 电动汽车驱动电机基本结构
3.2 永磁同步电机的电磁设计
3.3 永磁同步电机定子的设计
3.4 永磁同步电机转子的设计
3.5 永磁同步电机特性参数的分析

传统汽车的动力来源于发动机，电动汽车的驱动系统用电机驱动系统代替了发动机作为动力来源，电动汽车的动力性能取决于其驱动电机的性能。驱动电机在最高转速时的功率必须满足电动汽车在最高转速时的功率需求，才能保证车辆在良好的道路和空载条件下获得更高的行驶速度。驱动电机的功率越大，电机的储备功率越大，从而可以提高加速性能。然而，过多的备用电源会导致车辆行驶时的高能耗。车辆行驶工况复杂，电机需要有一定的过载能力，即能承受较大的过载电流，输出两倍以上的额定转矩。

3.1 电动汽车驱动电机基本结构

3.1.1 驱动电机的基本要求和组成

理想的电动汽车驱动电机需要满足以下条件。

① 有高功率密度和高效率。电动汽车由于电池的使用增加了整车的重量，而电动汽车电池容量又十分有限，为了增加续驶里程，高功率密度和高效率的驱动电机在电动汽车里显得尤其重要。

② 具有较长的寿命和高可靠性，维修方便。

③ 体积小，以适合汽车有限的空间要求。

④ 应具有较宽的调速范围，在低速运行时能提供大转矩，以满足启动和爬坡的要求；低转矩运行时能达到较高的速度，以满足汽车在平坦路面高速行驶的要求。

⑤ 瞬时功率大，过载能力强，过载系数应为3～5。

⑥ 控制系统控制准确、快速。

⑦ 电机驱动系统应能在汽车减速时实现再生制动，将能量回收并反馈给蓄电池，使电动汽车具有最佳的能量利用率；且再生制动时应满足高效、可靠。

⑧ 噪声小，以满足乘坐的舒适性。

⑨ 电磁辐射小，具有较好的电磁兼容性。

⑩ 价格低廉，适于大规模生产制造。

驱动电机是电动汽车的三大核心部件（电机、电池和电控）之一，是行驶中的主要执行机构，在纯电动汽车和燃料电池汽车上，它是唯一的驱动部件；在混合动力汽车上，它是实现各种工作模式的关键。其驱动特性决定了汽车行驶的主要性能指标，不仅直接影响动力性、经济性和行驶稳定性，而且还关系到整车动力。因此，配置合适的驱动电机是提高电动汽车性价比的重要因素。

(1) 电机驱动系统组成

电动汽车的驱动系统一般包括电机驱动系统及机械传动机构两大部分，

其中电机驱动系统主要由电机、功率转换器、控制器、各种检测传感器以及电源等部分构成。对于电机,一般要求具有电动、发电两项功能,按类型常用的有直流、交流、永磁无刷或开关磁阻等几种机型;功率转换器按所配电机类型的不同,有DC/DC功率转换器和DC/AC功率转换器等,其作用是按驱动电机的电流要求,将蓄电池的直流电转换为相应电压等级的直流、交流或脉冲电源。

电机是应用电磁感应原理运行的旋转电磁机械,主要用于实现电能向机械能的转换。运行时从电系统吸收电功率,向机械系统输出机械功率。在电机驱动系统中,驱动电机和电机控制器所占的成本之比约为1:1,但根据设计原理与分类方式的不同,电机的具体构造与成本构成也有所差异。电机控制器主要起到调节电机运行状态,使之满足整车不同运行要求的作用。针对不同类型的电机,控制系统的原理与工作方式有很大差别。

(2) 电机本体结构

以采用较多的三相异步电机为例,电机本体结构如图3-1所示,主要由端盖、定子部分、转子部分、机座、风扇和风扇罩等组成。

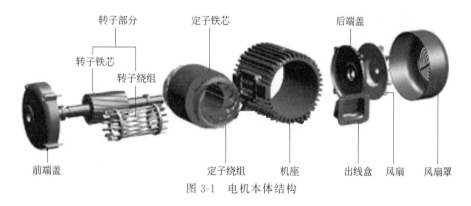

图3-1 电机本体结构

定子部分包括:定子铁芯,由导磁性能很好的硅钢片叠成——导磁部分;定子绕组,放在定子铁芯圆槽内—导电部分,其机座固定定子铁芯及端盖,具有较强的机械强度和刚度。

转子部分包括:转子铁芯,由硅钢片叠成,也是磁路的一部分;转子绕组,笼型转子的转子铁芯的每个槽内插入一根裸导条,形成一个多相对称短路绕组,绕线型转子的转子绕组为三相对称绕组,嵌放在转子铁芯槽内。

此外,异步电机的气隙是均匀的,大小为机械条件所能允许达到的最小值。

(3) 电机类型

电动汽车的时速和启动速度取决于驱动电机功率和性能,续驶里程的长短取决于车载动力电池容量的大小,而对各种系统的选用则取决于制造商对整车档次的定位、用途以及市场界定和市场细分。电机的分类如图3-2所示。

由图3-2可见,电机种类繁多。但除无轨电车仍有部分使用直流电机外,电动汽车电机主要使用的是异步电机、永磁同步电机和开关磁阻电机。其中,异步电机主要用于纯电动汽车(包括轿车及汽车),永磁同步电机主要用于混合动力汽车,开关磁阻电机则主要用于大、中型汽车。目前,在混合动力轿车中

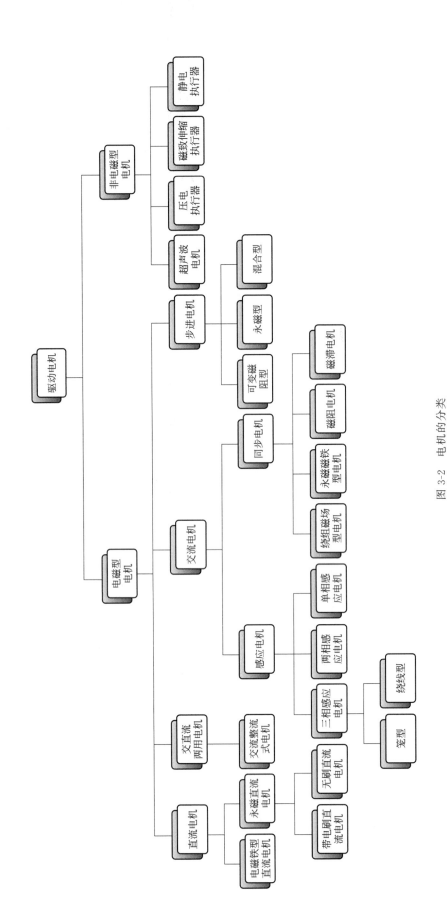

图 3-2 电机的分类

采用的基本上都是永磁同步电机，而采用永磁同步驱动将是未来的发展方向，主要原因在于能在控制方式上实现数字化，在结构上实现电机与齿轮箱的一体化。当前，国外电动汽车用电机驱动系统以异步驱动为主；日本丰田公司的 PRIUS 采用永磁同步电机的功率已达到 50kW，新配置的 SUV 车型所用电机功率达到了 123kW。

3.1.2 直流电机及其控制系统

(1) 直流电机的结构及工作原理

直流电机结构如图 3-3 所示，一般由定子、转子、换向器和电刷等组成。定子上有磁极，转子有绕组，通电后，转子上形成磁场（磁极），定子和转子的磁极之间有一个夹角，在定、转子磁场（N 极和 S 极之间）的相互吸引下，使电机旋转。改变电刷的位置，就可以改变定、转子磁极夹角（假设以定子的磁极为夹角起始边，转子的磁极为另一边，由转子磁极指向定子磁极的方向就是电机的旋转方向）的方向，从而改变电机的旋转方向。

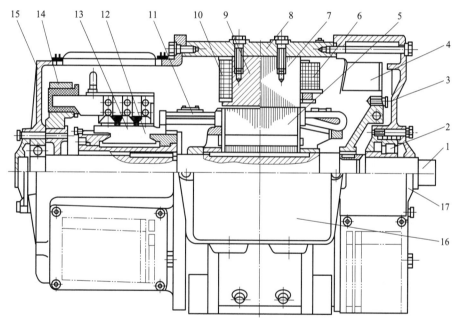

图 3-3 直流电机结构

1—轴；2—轴承；3—后端盖；4—风扇；5—电枢铁芯；6—主极绕组；7—主极铁芯；8—机座；
9—换向极铁芯；10—换向极绕组；11—电枢绕组；12—换向器；13—电刷；
14—刷架；15—前端盖；16—出线盒；17—轴承盖

由于直流电机结构简单，具有优良的电磁转矩控制特性，因普通直流电机的机械换向结构易产生火花，不宜在多尘、潮湿和易燃易爆环境中使用，且换向器维护困难，很难向大容量、高速度发展。此外，电火花产生的电磁干扰对高度电子化的电动汽车来说将是致命的危害。但随着新材料及电子技术和控制理论的发展，无刷直流电机以其突出的优点仍在电动汽车上得到应用。

(2) 无刷直流电机的特点

无刷直流电机（BLDCM）是近几年来随着微处理器技术的发展和高开关频率、低功耗新型电力电子器件的应用，以及控制方法的优化和低成本、高磁能级的永磁材料的出现而发展起来的一种新型直流电机。其既保持了传统直流电机良好的调速性能，又具有无滑动接触和换向火花、可靠性高、使用寿命长及噪声低等优点。

按照供电方式的不同，无刷直流电机可分为两类：方波无刷直流电机，其反电动势波形和供电电流波形都是矩形波，又称为矩形波永磁同步电机；正弦波无刷直流电机，其反电动势波形和供电电流波形均为正弦波。无刷直流电机的诞生，克服了有刷直流电机的先天性缺陷，以电子换向器取代了机械换向器，所以既具有直流电机良好的调速性能等特点，又具有交流电机结构简单、无换向火花、运行可靠和易于维护等优点。

图 3-4 所示为一种小功率三相、星形连接、单副磁对极的无刷直流电机模型，其定子在内，转子在外，也有定子在外，转子在内的结构，即定子是线圈绕组组成的机座，而转子用永磁材料制造。

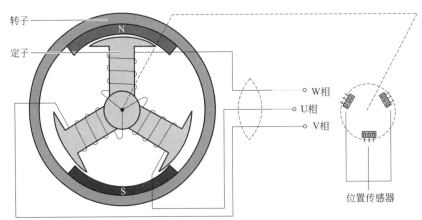

图 3-4　无刷直流电机模型

无刷直流电机的特点是：外特性好，能够在低速下输出大转矩，因此可提供大的启动转矩；速度范围宽，任何速度下都可以全功率运行；效率高、过载能力强，使之在拖动系统中有出色的表现；再生制动效果好，由于转子是永磁材料，制动时电机可进入发电状态；体积小，功率密度高；无机械换向器，采用全封闭式结构，可防止尘土进入电机内部，可靠性高；比异步电机的驱动控制简单。

(3) 直流电机的控制

直流电机控制系统主要由斩波器和中央控制器构成，根据输出转矩的需要，通过斩波器控制电机的输入电压、电流，以此控制和驱动直流电机运行。

无刷直流电机由同步电机和驱动器组成，同步电机的定子绕组多制成三相对称星形接法，与三相异步电机十分相似。而转子上粘有已充磁的永磁体，为了检测电机转子的极性，在电机内装有位置传感器。驱动器由功率电子器件和集成电路等构成，其功能是接收电机的启动、停止、制动信号，以控制电机的启动、停止和制动；接收位置传感器信号和正反转信号，用来控制逆变桥各功率管的通断，产生连续转矩；接收速度指令和速度反馈信号，用来控制和调整转速；提供保护和显示等。

3.1.3 交流三相感应电机及其控制系统

（1）交流三相感应电机的结构及工作原理

感应电机又称异步电机，即转子置于旋转磁场中，在旋转磁场的作用下，获得一个转动力矩，从而产生转动。转子是可转动的导体，多为笼型；定子是电机中不转动的部分，主要任务是产生旋转磁场。通常旋转磁场不用机械方法来实现，而是以交流电通过数对电磁铁，使其磁极性质循环改变，故相当于一个旋转的磁场，感应电机并不像直流电机有电刷或集电环。依据所用交流电的种类有单相电机和三相电机两种，后者多用于电动汽车和动力设备。

交流三相感应电机如图3-5所示，主要由转子和定子构成，在转子与定子之间没有相互接触的滑环、换向器等部件。运行时，定子通过交流电而产生旋转磁场，旋转磁场切割转子中的导体，在转子导体中产生感应电流，转子的感应电流产生一个新的磁场，两个磁场相互作用则使转子转动。

图3-5 交流三相感应电机

（2）交流三相感应电机的特点

交流三相感应电机结构简单，可靠性好，使用寿命长，功率范围宽，转速可达12000~15000r/min；可采用空冷或水冷的方式，对环境适应性好，并能够实现再生反馈制动；与同样功率的直流电机相比，效率较高、重量轻、价格便宜、修护方便。不足之处在于耗电量较大，转子容易发热，功率因数较低，且调速性能相对较差。

（3）交流三相感应电机的控制

由于交流三相感应电机不能直接使用直流电，因此需要逆变装置进行转换控制。应用于感应电机的控制技术主要有三种：V/F控制（即压频控制，通过电源电压和额定频率的比率控制，维持电机恒定磁通，使电机保持较高效率）、转差频率控制和矢量控制。20世纪90年代以前主要使用前两种控制方式，但因转速控制范围小，转矩特性不理想，而对于需频繁启动、加减速的电动汽车并不适合。近年来，几乎所有的交流感应电机都采用了矢量控制技术。

3.1.4 永磁同步电机结构及工作原理

(1) 永磁同步电机的结构及工作原理

永磁同步电机主要由转子、定子、位置传感器、电子换向开关及端盖等组成，如图 3-6 所示，图 3-7 所示为其实物。一般来说，永磁同步电机的最大特点是其定子结构与普通感应电机的结构非常相似，主要区别在于其转子的独特结构及其在转子上放置的高质量永磁体磁极。由于在转子上安放永磁体的位置有很多选择，所以永磁同步电机通常分为面贴式、插入式及内嵌式三大类，如图 3-8 所示。

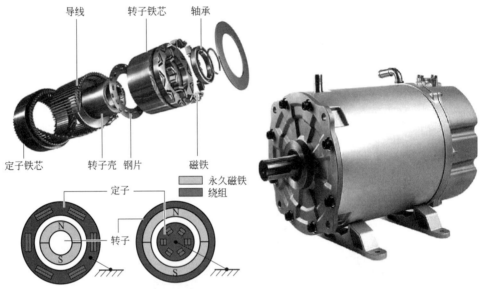

图 3-6 永磁同步电机内部结构

图 3-7 永磁同步电机及其控制系统实物

通常所说的永磁同步电机是正弦波永磁同步电机。同一般同步电机一样，正弦波永磁同步电机的定子绕组通常采用三相对称的正弦分布绕组，或转子采用特殊形状的永磁体以确保气隙磁感应强度沿空间呈正弦分布。这样当电机恒速运行时，定子三相绕组所感应的电动势则为正弦波，正弦波永磁同步电机由

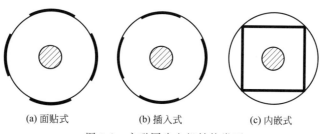

(a) 面贴式　　　　(b) 插入式　　　　(c) 内嵌式

图 3-8　永磁同步电机结构类型

此而得名。

正弦波永磁同步电机是一种典型的机电一体化电机。它不仅包括电机本身，而且还涉及位置传感器、电力电子变流器以及驱动电路等。

永磁同步电机具有结构简单、体积小、重量轻、损耗小、效率高、功率因数高等优点，主要用于要求响应快速、调速范围宽、定位准确的高性能伺服传动系统和直流电机的更新替代电机。

永磁同步电机最受关注的是其运行性能，而影响运行性能的因素很多，但最主要的则是电机结构。就面贴式、插入式和内嵌式而言，各种结构各有优点。

工作时，在电机的定子绕组中通入三相电流，随即定子绕组中形成旋转磁场，由于转子上安装了永磁体，而永磁体的磁极是固定的，根据磁极同性相吸异性相斥原理，在定子中产生的旋转磁场会带动转子旋转，最终达到转子的旋转速度与定子中产生的旋转磁极的转速相等。因此，可以把永磁同步电机的启动过程视为由异步启动阶段和牵入同步阶段组成。在异步启动阶段，电机的转速从零开始逐渐增大，主要是异步转矩、永磁发电制动转矩、由转子磁路不对称引起的磁阻转矩和单轴转矩等一系列因素共同作用的结果，在这个过程中转速呈振荡上升。在启动过程中，只有异步转矩是驱动性质的转矩，电机就是因该转矩得以加速的，而其他转矩大部分以制动性质为主。在电机速度由零增加到接近定子的磁场旋转速时，在永磁体脉振转矩的影响下，永磁同步电机的转速有可能会超过同步转速而出现转速的超调现象。但经过一段时间的转速振荡后，最终在同步转矩的作用下而被牵入同步。

（2）永磁同步电机的控制

目前，永磁同步电机的控制技术已从最初的基于稳态模型的标量控制发展到矢量控制、直接转矩控制、非线性控制、自适应控制、滑模变结构控制和智能控制，其中智能控制包括专家系统智能控制、模糊逻辑智能控制和神经网络智能控制等。

对于内嵌式永磁同步电机的无位置传感器矢量控制系统，通过将滑模观测器和高频电压信号注入法相结合，使其在无位置传感器的内嵌式永磁同步电机闭环矢量控制方式下平稳启动运行，并能在低速和高速运行场合获得较准确的转子位置观察信息。这种控制方法最本质的特征，是通过坐标变换将交流电机内部复杂耦合的非线性变量转换为相对坐标系为静止的直流变量（如电流、磁链、电压等），从中找到约束条件，获得某一目标的最佳控制策略。

(3) 永磁电机作为驱动电机的优势

① 功率密度、启动转矩大。由于永磁电机的气隙磁感应强度可大大提高，因此电机指标可实现最佳设计，从而使电机体积缩小、启动转矩加大、重量减轻。以同容量的稀土永磁电机为例，其体积、重量和所用材料可减少30%左右，在车辆启动时能提供有效的启动转矩，满足行驶需求。

② 力能指标好。Y系列电机在60%的负荷下工作时，效率下降15%，功率因数下降30%，力能指标下降40%。而永磁电机的效率和功率因数则下降甚微，当电机只有20%的负荷时，其力能指标仍为满负荷的80%以上。同时，永磁无刷同步电机的恒转矩区较长，一直延伸到电机最高转速的50%左右，这对提高汽车的低速动力性能有很大帮助。

③ 高效节能。在转子上嵌入稀土永磁材料后，正常工作时转子与定子磁场同步运行，转子绕组无感应电流，不存在转子电阻和磁滞损耗，提高了电机效率。永磁电机不但可减小电阻损耗，还能有效提高功率因数。如在25%～120%额定负载范围内，永磁同步电机均可保持较高的效率和功率因数。

④ 结构简单、可靠性高。用永磁材料励磁，可将原励磁电机中的励磁线圈由一块或多块永磁体替代，从而使零部件大量减少，结构大大简化，不仅改善了电机的工艺性，而且电机运行的机械可靠性也大为增强，寿命增加。转子绕组中不存在电阻损耗，定子绕组中也几乎不存在无功电流，电机温升低，这样可以使整车冷却系统的负荷降低，进一步提高运行效率。

3.1.5 开关磁阻电机及其控制系统

(1) 开关磁阻电机的结构及工作原理

开关磁阻电机驱动系统是高性能机电一体化系统，主要由开关磁阻电机、功率转换器、传感器和控制器四部分组成。开关磁阻电机为开关磁阻电机驱动系统主要组成部分，功能是实现电能向机械能的转化；功率转换器是连接电源和电机的开关器件，用以提供开关电机所需电能，结构一般与供电电压、电机相数以及主开关器件种类有关；传感器用来反馈位置及电流信号，并传送给控制器；控制器是系统的中枢，起决策和指挥作用，主要是针对传感器提供的转子位置、速度和电流反馈信息以及外部输入的指令，实时加以分析处理，进而采取相应的控制决策，控制功率转换器中主开关器件的工作状态，实现对开关磁阻电机运行状态的控制。

虽然开关磁阻电机有多种不同的结构，且每种结构各有不同的性能特点，但其定子和转子铁芯均由硅钢片叠压而成。如图3-9所示，转子冲片均有一齿槽，构成双凸极结构，依定子和转子上齿槽的多少，形成不同的极数。工作时遵循磁阻最小原理，即磁通总是沿磁阻最小的路径闭合，因此磁场扭曲而产生磁阻性质的电磁转矩。

(2) 开关磁阻电机驱动系统特点

开关磁阻电机驱动系统具有结构简单可靠、紧凑牢固，适于在较宽转速和转矩范围内及高温环境下高速运行；功率转换器结构简单，容错性能强；可控

图 3-9 开关磁阻电机结构
1—外壳；2—定子；3—转子

参数多，调速性能好；启动转矩大，调速范围宽；效率高、功耗小、响应速度快和成本较低等特点。同时，也存在转矩波动大、噪声大、需要位置检测器和非线性等缺点。

以上特点使开关磁阻电机驱动系统适用于电动汽车的各种运行工况，而现有的不足将在科技进步中逐步得到解决，因此开关磁阻电机在电动汽车领域具有一定的应用前景。

(3) 开关磁阻电机的控制

由于开关磁阻电机具有明显的非线性特性，系统难于建模，一般的线性控制方式不适于采用开关磁阻电机驱动系统。目前，主要控制方式有模糊逻辑控制和神经网络控制等。

3.2 永磁同步电机的电磁设计

进行电机的电磁设计，包括定、转子尺寸、结构的设计，极槽配合的选取，铁芯材料和永磁材料等材料的对比选择，齿槽设计、绕组设计以及永磁体的布置等设计。对于电动乘用车，要求电机的功率密度尽可能大，以减小电机体积，转速倾向于高速，以扩大车速范围，还需选择合适的电磁负荷使电机具有一定的过载能力。

3.2.1 电机主要尺寸的计算

电机的几何尺寸比较多，包括外形尺寸、安装尺寸、铁芯尺寸、绕组尺寸以及与各部件匹配的尺寸等。长期的实践经验表明，定子的内径和转子的有效长度以及气隙的长度是电机的主要尺寸，其他尺寸的确定要遵从这三个主要尺寸。电机的电磁转矩与电机的体积正相关，可按对电机峰值转矩的要求和动态响应的要求来计算电机的主要尺寸。

按峰值转矩要求，电机主要尺寸之间的关系为

$$T_{max}=\frac{\sqrt{2}}{4}\pi B_{\delta}\delta L_{ef}D_{i1}^{2}A\times10^{-10} \tag{3-1}$$

式中，D_{i1} 为定子内径，cm；L_{ef} 为电机轴向有效长度，cm；δ 为定子与转子间的气隙，cm；B_{δ} 为气隙磁感应强度基波幅值，T；A 为定子电负荷有效值，A/cm。

$$A=\frac{2mNIK_{dp}}{\pi D_{i1}} \tag{3-2}$$

式中，m 为电源相数；N 为每相串联匝数；I 为相电流，A；K_{dp} 为电枢绕组系数，为 K_d 和 K_p 的乘积，代表绕组短距和绕组分布引起的电动势折扣，其值均小于 1。

根据经验选取电机的电磁负荷，目前永磁材料的剩磁最高可达 1.4T，气隙磁感应强度弱于此值，综合考虑将气隙磁感应强度基波幅值 B_{δ} 定为 0.85T，气隙长度取为 0.75mm，电负荷峰值取为 760A/cm，由此，将式(3-1)转化为

$$D_{i1}^{2}L_{ef}=\frac{4T_{max}\times10^{4}}{\sqrt{2}\pi B_{\delta}A} \tag{3-3}$$

对永磁同步电机的动态响应要求，用电机以最大转矩线性加速到基速转速所用的时间来衡量，如式(3-4)。

$$T_{max}=\frac{J\Delta\omega}{p\Delta t}=\frac{J\omega_b}{pt_b} \tag{3-4}$$

式中，J 为转子和负载的转动惯量，kg·m³；p 为电机极对数；ω_b 为基速转速时的角速度，rad/s；t_b 为动态响应时间，s。电机峰值转矩和转动惯量之比为

$$\frac{T_{max}}{J}=\frac{\omega_b}{pt_b} \tag{3-5}$$

电机转子转动惯量近似为

$$J=\frac{\pi}{2}\rho_{Fe}L_{ef}\left(\frac{D_{i1}}{2}\right)^{4}\times10^{-7} \tag{3-6}$$

式中，ρ_{Fe} 为转子的密度，g/cm³。

整理式(3-1)、式(3-5) 和式(3-6)可得定子内径、动态响应时间、基速转速时的角速度之间的关系为

$$D_{i1}=\sqrt{\frac{8\sqrt{2}\,pt_{b}B_{\delta}A}{\omega_{b}\rho_{Fe}\times10^{-3}}} \tag{3-7}$$

取转子铁芯的密度为 7.5g/cm³，将相关数值代入式(3-4)计算得电机动态

响应时间约为0.17s,动态响应良好,但实际启动条件复杂,启动时间等响应时间会长些。

定子的外径直接影响着电机整体的外径,定子外部的电机外壳需要设计冷却水道,电机的体积会因水道的存在而比无水道的电机大许多,在确定电机定子外径时应充分利用定子轭部,减小磁路面积,使外径最小化,以减小电机整体体积。定子外径将在齿槽结构及参数确定之后进行确定。

3.2.2 极槽配合的选取

永磁电机的极槽配合,有整数槽集中绕组、整数槽分布绕组、分数槽集中绕组、分数槽分布绕组等多种形式,分数槽绕组能削弱因磁极磁场非正弦分布引起的高次谐波电动势,抑制齿谐波,减少磁极表面的脉振损耗,但分数槽绕组的磁动势会产生谐波,可能引发电机共振。内置式永磁同步电机的永磁体位于转子内部,极对数不会太大,在极对数较少的情况下,定子槽数较多,若采用分数槽绕组,难有好的极槽配合方案,采用整数槽绕组,同时为削弱磁极磁场非正弦分布所产生的高次谐波电动势和齿谐波电动势的幅值,改善电动势波形,采用分布式绕组。

极对数的选取主要考虑电机的尺寸和电机的损耗。极对数增大时高效率区向低转速区移动。增加极对数对减小电机轭部的尺寸有利,但是在相同转速下,需要提高控制器的工作频率,使铁芯损耗和变频器开关损耗增加。因此,高速电机更倾向于采用极对数少的转子。

根据电机转子的大小,磁极对数取3或4均可,图3-10所示为磁极对数为3时的极槽配合的两种情况,图3-11所示为极对数为4时的极槽配合的三种情况。槽数不同槽的大小也不同,槽数少则单个槽面积大,为了产生足够的磁场需增加槽内导体数量,会导致发热集中而散热不良,槽数多则单个槽面积小,将导致嵌线工序复杂,从定子齿槽分布来看,36槽、48槽和54槽的方案齿槽大小较为合适。

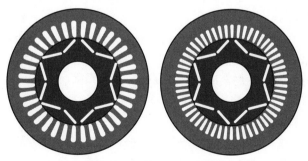

图3-10 6极36、54槽配合

若电机的设计峰值转速为12000r/min,由同步电机转速与频率的关系可得,当转子取极对数为3时,变频器最高频率为600Hz,取极对数为4时,变频器最高频率为800Hz,取极对数为5时,变频器最高频率为1000Hz,为使电机能

图 3-11 8 极 24、48、72 槽配合

以较高效率运行在低转速区，又能使变频器压力和损耗不至于过高，可将极对数定为 4，则极槽配合确定为 8 极，48 槽。

3.3 永磁同步电机定子的设计

3.3.1 铁芯材料的选取

永磁同步电机所用的铁芯材料一般应具有以下特点。

① 低损耗。在一定频率和磁感应强度下的铁芯损耗，是铁磁材料的一个重要参数。涡流损耗和磁滞损耗是铁芯损耗的两部分。涡流损耗是由于铁芯交变磁化时产生涡流而引起的电阻损耗，与材料本身的电阻率及厚度有关。因此，为减少涡流损耗，铁磁材料的厚度较小且电阻率较大。磁滞损耗是由于铁磁材料被反复磁化去磁带来的能量消耗，与材料成分和晶粒大小有关，一般用磁滞回线的面积表示磁滞损耗。

② 高导磁性能。产生的磁通量不变，所用材料的导磁性能越高，就可以将磁路的截面积做得越小，同时能减少励磁绕组的用铜量，使电机的能量密度增加，体积减小。

③ 良好的加工性能。电机铁芯一般是由冲压成形的电工钢片叠压而成，所以冲压加工需要铁芯板材硬度合适，有良好的冷轧性能。钢片叠压则需要钢片厚薄均匀，表面平整光滑，以提高铁芯叠压系数。

④ 价格低，供应充足。所选铁芯钢片的价格应合适，且产能稳定充足，避免出现原料断供的问题。

此外，若对电机尺寸性能等要求严格，则还需考虑钢片材料的磁致伸缩率、热胀冷缩系数等方面。

相同材料的钢片，厚度越大，铁耗也越大，故要优先考虑使用厚度小的无取向电工钢片。若单位重量铁损值是在频率为 50Hz、波形为正弦的磁感应强度峰值为 1.5T 时的铁损值，而永磁同步电机的变频调速使电流频率变化范围较大，则在高速旋转时铁芯损耗会加剧，若电机峰值转速较高，为了降低铁耗，保证电机在各速度区间有较高的效率，有必要进一步减小铁芯电工钢片的厚度，结合现有的电工钢片制造水平，将其厚度定为0.25mm。

3.3.2 电机定子齿槽设计

电机定子结构的设计主要包括定子槽设计、定子齿设计和定子轭设计。理论上永磁同步电机的定子槽型可采用感应电机的各种形态的槽型，但对于体积较小的永磁同步电机来说，槽型选择要考虑漏磁情况以及嵌线的工艺性，目前多用梨形槽、平行槽、锥形槽等，如图3-12所示。平行槽一般用于截面为矩形的铜线，锥形槽面积较大但会出现局部磁饱和，梨形槽为常用槽型，一般配合截面为圆形的散铜线使用，此外，还有闭口槽等槽型，可以减小杂散损耗，但因其漏磁较大且不能嵌线，必须穿线，工艺复杂，很少采用。

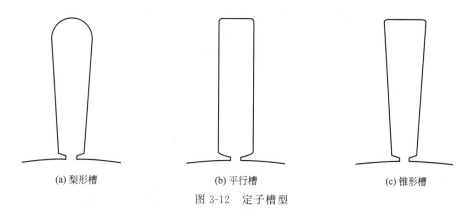

(a) 梨形槽　　　　　(b) 平行槽　　　　　(c) 锥形槽

图3-12　定子槽型

根据磁路计算规则，电机齿部磁感应强度和气隙磁感应强度满足以下关系，即

$$B_\mathrm{t} = \frac{B_\delta L_\mathrm{ef} t_1}{K_\mathrm{Fe} l_a b_\mathrm{t}} \tag{3-8}$$

式中，t_1为定子齿距，mm；K_Fe为铁芯叠压系数；l_a为永磁体轴向长度，mm；b_t为计算齿宽，mm。

定子磁轭部分磁感应强度满足以下关系，即

$$B_\mathrm{y} = \frac{B_\delta L_\mathrm{ef} \pi D_\mathrm{i1}}{4p K_\mathrm{Fe} l_a h_\mathrm{y}} \tag{3-9}$$

式中，h_y为轭部高度，mm。

电机的定子外径与轭部高度和电机的槽深有关，槽深影响着槽截面积的大小，而截面积大小需考虑载流线圈电流的大小和定子散热等情况，即槽的大小与用铜量正相关。

用槽满率来表示这一关系，即

$$S_\mathrm{f} = \frac{n N_\mathrm{s1} d^2}{A_\mathrm{ef}} \times 100\% \tag{3-10}$$

式中，n为绕组匝数；N_s1为每匝线圈并联导体根数；d为单根截面为圆形的导体的直径；A_{ef} 为槽面积（不计槽楔面积）。

槽满率大表示槽内填充紧密，槽满率小表示槽内填充松散。就电机用料的充分利用和运行性能来说，槽满率高为好，但过高嵌线困难，劳动量及工时增加，容易损伤绝缘。槽满率低，电机运行时导线在槽内松动，易损坏绝缘，此外，槽内空隙多，由于空气导热差，影响线圈的散热，使电机温升增高。根据经验，槽满率一般取 75%～78%，不高于 80%。

由槽深和轭部高度等参数，确定定子外径。根据定子内径、槽数等参数设计槽型。

3.3.3 电机定子绕组方案

永磁同步电机属于交流电机，其定子绕组形式与普通交流异步电机类似，如果设计的永磁同步电机采用 40 极 48 槽的极槽配合，电机槽距电角度由式(3-11)计算可得。最后得电机槽电动势星形图如图 3-13 所示。

$$\alpha_1 = \frac{p \times 360°}{Q_s} \tag{3-11}$$

式中，p 为电机极对数，Q_s 为定子槽数。

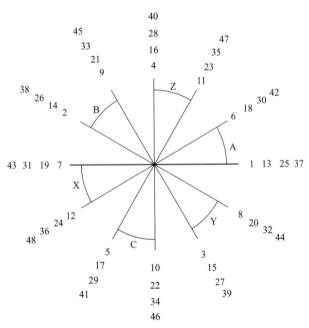

图 3-13 槽电动势星形图

在图 3-13 中，A、B、C 分别代表定子三相绕组的电流流入端，X、Y、Z 分别代表定子三相绕组的电流流出端，数字 1～48 代表电机 48 个线圈元件的元件边，也代表定子槽的编号。

在图 3-14 中，当绕组编号数字为正数时，表示该绕组与其他绕组正向连接，当绕组编号数字为负数时，表示该绕组与其他绕组反向相连。例如，在

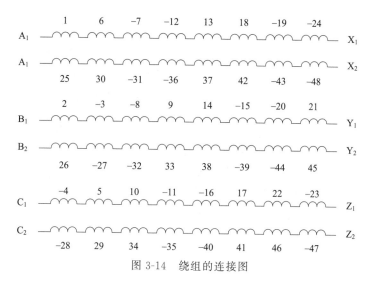

图 3-14 绕组的连接图

A_1-X_1 中，1 号线圈的下元件边与 6 号线圈的上元件边相连，6 号元件的下元件边与 7 号线圈的下元件边相连。

永磁电机相绕组并联支路数通常较少，具体取值取决于电机电磁参数的预估计算。当电机相绕组并联支路数为 1 时，将 X_1 与 A_2 相连，A_1 与 X_2 分别为电机 A 相绕组的首尾两端，B、C 相的连接方式与 A 相的连接方式相同。当电机相绕组并联支路数为 2 时，将 A_1 与 A_2 相连并引出作为 A 相首端，X_1 与 X_2 相连并引出作为 A 相尾端，B、C 相的连接方式与 A 相的连接方式相同。

3.4 永磁同步电机转子的设计

3.4.1 电动汽车永磁同步电机的磁路结构特点

根据内部的磁场走向，永磁同步电机可分为径向磁通电机和轴向磁通电机。轴向磁通电机一般轴向尺寸较小、呈扁平状，又称为盘式电机，它具有结构紧凑、功率密度高的优点，但同时也给散热带来了困难，且工艺难度较高，普及程度不及径向磁通电机。图 3-15 所示为轴向磁通电机。

径向磁通电机按转子位置区分有内转子和外转子两种形式，一般永磁体都安放在转子上，定子上安放绕组。外转子永磁电机转矩大，多用于乘用车以及直驱形式。乘用车中内转子永磁电机应用居多。内转子永磁电机按永磁体的布置位置，主要分为表面式和内置式，两种转子形式的不同也使电机的性能有所差异。

表面式转子结构有表贴式和插入式两种基本形式，如图 3-16 所示。表贴式转子是将永磁材料粘贴在转子的表面，为了增大粘接面积，永磁体与转子粘接的一面为弧形，其弧度略大于转子的圆柱面弧度。为了使气隙磁感应强度正弦

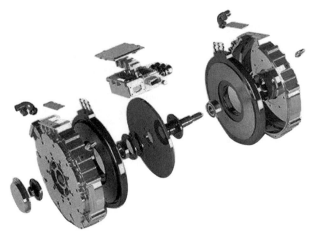

图 3-15　轴向磁通电机

化，永磁体磁极的外层多设计成抛物线形状，极弧系数也要进行相应的配合设计。转子表层被永磁体覆盖，永磁体之间为空气间隔，各处的磁导率大致相等，相对磁导率均接近于 1，转子磁路结构对称，各处磁阻近似相等，交、直轴电感无明显差距，不具有凸极效应，因此表贴式转子结构电机转矩密度小，弱磁调速能力有限，不利于它在电动汽车上的应用。插入式转子结构是在转子表面开槽，将弧形永磁体插入转子，仅表面与空气接触，磁极间隔处为转子导磁材料，两种材料磁导率不等，具有一定的凸极率，功率密度高于表贴式转子，缺点是漏磁系数相对较大。表面式转子的永磁体均布置在转子表面，因转子表面积有限，限制了气隙磁感应强度的增加。

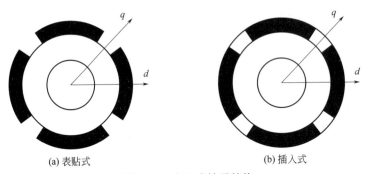

(a) 表贴式　　　　　　　　(b) 插入式

图 3-16　表面式转子结构

内置式转子一般可分为切向式、径向式和混合式，如图 3-17 所示，永磁体位于转子铁芯内部，整个磁路经过了永磁体、气隙以及定、转子铁磁材料，转子磁路结构不对称。在经过永磁体时磁阻较大，经过导磁材料时磁阻较小，而磁极中心线为直轴，相邻磁极间的导磁材料处于交轴，两处磁阻相差较大，因而将产生磁阻转矩，可以增大电机的输出转矩，且有利于弱磁调速。

切向式转子的永磁体充磁方向沿转子圆弧的切向，两个磁极之间的轭部磁通由这两个磁极各自的磁路共同产生。切向式转子为了增大磁感应强度，需要增加永磁体长度，则转子的径向长度也随之增加，加上永磁体两端需要隔磁的

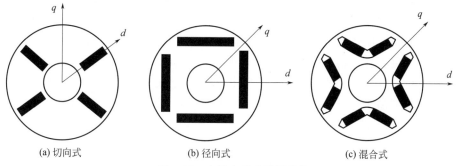

图 3-17 内置永磁式转子结构

空间，使转子材料的利用率较低，且转子被永磁体分割明显，永磁体的固定面积较小，需要考虑能够承受的离心力的大小，机械强度相对较差，需要采取额外的加强措施。

径向式转子的永磁体充磁方向垂直于转子旋转方向，相邻的两块永磁体共同提供一个磁路。径向式转子的磁极沿转子外缘布置，设计较为简单，但与表面式转子类似，永磁体的布置空间有限，不利于增加极数，不利于提高电机的转矩密度以及功率密度。这种结构在早期的电动汽车上有所应用。

目前电动汽车永磁同步电机的转子结构多为内置混合式。内置混合式转子结构的永磁体不沿径向或切向，斜向对称布置，也有斜向和径向结合的布置方式。混合式结构可以布置较多的永磁体，提高磁感应强度，而且可以较好地控制漏磁，机械强度也较好，能够输出大转矩，也适合高速旋转。同时混合式结构的凸极率较高，能够满足弱磁控制的要求，调速范围较宽。

此外，有的内置式永磁同步电机的转子采用了双层永磁体甚至三层永磁体的设计结构，电机单位体积下的永磁材料用量增加，可以减小电机体积，增大电机转矩密度以及功率密度。

电动汽车的应用场合不同，对驱动电机的要求也不同，对于乘用车来说，需要其有较好的弱磁扩速能力，同时在保证体积不超限的情况下尽可能有较大的输出转矩，以提高加速能力。

3.4.2 永磁同步电机的数学模型

永磁同步电机的数学模型是控制永磁同步电机运转的基础，也是分析永磁同步电机的理论基础。永磁同步电机的电压、磁链、转矩以及交、直轴电感等情况的分析建立在永磁同步电机数学模型基础上。常用的永磁同步电机数学模型有三相静止坐标系下的数学模型、两相静止坐标系下的数学模型和两相同步旋转坐标系（又称 $d\text{-}q$ 坐标系）下的数学模型。

在三相静止坐标系下，永磁同步电机的运动方程较为简单，电压方程和磁链方程较复杂，磁链的数值随着定、转子之间的相对位置发生变化，转矩方程也涉及电流向量和磁链矩阵，关系相对复杂，在此数学模型基础上对永磁同步电机进行分析和控制十分困难。在两相静止坐标系下，对于具有凸极效应的电机来说,交、直轴电感不等,电机磁链、电压方程是一组非线性方程组,数学模型也比较复杂,分析和控制内置式永磁同步电机时,较少使用两相静止坐标系。两相同步旋转坐标系下的数学模型利用坐标变换,将变系数微分方程变为常微分方程,消除了时变系数,电机的数学模型完全解耦,简化了系统运动和分析。现从 d-q 坐标系下的数学模型分析电机的转矩和交、直轴电感情况。为使模型易于分析,需要进行以下一些理想化的假设。

① 磁路线性且不饱和。
② 气隙磁场沿气隙所在的圆周呈单一正弦曲线分布。
③ 不考虑定子齿槽的影响。
④ 定子三相绕组结构关于电机转轴呈旋转对称,绕组参数一致。
⑤ 转子各磁极关于直轴和交轴严格对称。

图 3-18 所示为永磁同步电机 d-q 坐标系,d 轴方向与永磁体磁链 Ψ_f 方向保持一致,q 轴在 d 轴逆时针相差 90°电角度的方位,d-q 坐标系的位置用与选定参考轴的夹角 θ 来确定,Ψ_s 为定子磁链,β 为转矩角,是 Ψ_s 与 Ψ_f 之间的电角度夹角。

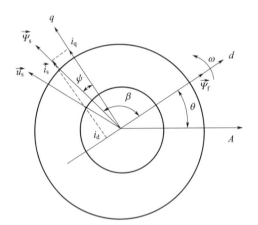

图 3-18 永磁同步电机 d-q 坐标系

d-q 坐标系下的电压方程为

$$\begin{cases} u_d = R i_d + \dfrac{\mathrm{d}\Psi_d}{\mathrm{d}t} - \omega \Psi_q \\ u_q = R i_q + \dfrac{\mathrm{d}\Psi_q}{\mathrm{d}t} - \omega \Psi_d \end{cases} \quad (3\text{-}12)$$

式中,u_d、i_d、u_q、i_q 分别为定子电压、电流的直、交轴分量;Ψ_d、Ψ_q 分别为定子磁链的直、交轴分量;ω 为(电)角速度。

磁链方程为

$$\begin{cases} \Psi_d = L_d i_d + \Psi_{af} \\ \Psi_q = L_q i_q \end{cases} \quad (3\text{-}13)$$

式中,L_d、L_q 分别为直、交轴电感;Ψ_{af} 永磁励磁磁链。

转矩方程为

$$T_e = \frac{3}{2} p [\Psi_{af} i_q + i_q i_d (L_d - L_q)] \quad (3\text{-}14)$$

式中，T_e 为电磁转矩；p 为电机极对数。

运动方程为

$$J \frac{d\omega_m}{dt} = T_e - T_L - B\omega_m \quad (3\text{-}15)$$

式中，J 为转动惯量；ω_m 为机械角速度；T_L 为负载转矩；B 为阻尼系数。

式（3-14）可变化为：

$$T_e = \frac{3}{2} p \Psi_{af} i_q + \frac{3}{2} p i_q i_d (L_d - L_q) \quad (3\text{-}16)$$

等式右边第一项为永磁转矩，第二项为磁阻转矩。

从式（3-16）可以看出，当电机的交、直轴电感不等时就会产生磁阻转矩，可利用磁阻转矩增大电机的输出转矩。内置式永磁同步电机的转子磁路不对称，存在磁阻转矩，V形转子即为内置永磁结构，可通过合理设计增大电机的交轴电感，以提高电机的转矩输出能力。

3.5 永磁同步电机特性参数的分析

据电动汽车用驱动电机系统的相关标准，驱电机的相关技术条件包括外观、外形和安装尺寸、重量、机械强度、绝缘电阻、耐电压、超速、温升、输入输出特性等。设计中主要考虑的是电机的输入输出特性。输入输出特性又包括工作电压范围、转矩-转速特性以及持续转矩、持续功率、峰值转矩、峰值功率、堵转转矩、最高工作转速等特性。

与内燃机相比，电机拥有更宽的调速范围，通过控制器变频调速，来满足驾乘者对汽车的速度要求，高效率区间一般在汽车的经常行驶车速下的电机转速附近。因此，电动汽车很少使用带挡位的变速器，少数为了获得更好加速性能的电动汽车采用了两挡变速器，如保时捷卡宴。一般把永磁同步电机的运行区间分为恒转矩区和恒功率区，如图3-19所示，在不同的区间采取不同的控制

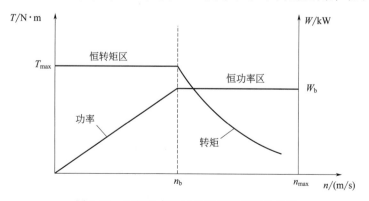

图3-19 理想的永磁同步电机工作特性曲线

方法。

根据汽车的加速性能要求，在水平路面上，汽车由静止开始运动，加速行驶到速度达到100km/h时用时不超过10s，然后将滚动阻力系数、空气阻力系数、汽车旋转质量系数视为恒定值，汽车的运动为匀加速直线运动，计算电机最小持续转矩。

在汽车爬坡性能方面，国家标准规定了在4%和12%坡度的测试要求，测试汽车在此坡度下的持续最高速度。这两个坡度相对较小，通常不用作计算汽车电机的最大转矩。

对于一般轿车来说，爬坡能力不低于36%（指坡度，约为20°坡角），通常按20°坡角、速度20km/h计算电机最大转矩。

永磁同步电机从恒转矩区到恒功率区，其间的转速为基速转速，根据功率、转速、转矩之间的关系计算得到基速转速。

采用内置式转子磁路结构，利于增大转矩和弱磁扩速，抗不可逆退磁能力强，机械强度高，适合高转速运行，兼顾了电动汽车对驱动电机高转速、大转矩的要求。

第4章

电动汽车传动装置优化设计

4.1 齿轮强度计算
4.2 行星机构的设计与计算
4.3 离合器的结构与工作原理
4.4 齿轮箱体轻量化

电动汽车齿轮箱是车辆传动系统的核心部件,主要包括齿轮箱箱体、齿轮和相关轴系。电动汽车的驱动力由电机产生并输出,将动力传递至齿轮箱的输入轴,通过齿轮箱内部各齿轮的啮合传动将动力由齿轮箱输出轴输出,最后通过传动轴将动力传递至驱动桥进行动力输出。

4.1 齿轮强度计算

针对齿轮传动的不同损坏形式,有三种计算齿轮强度的公式:用接触强度计算公式计算轮齿表面抗点蚀的强度,用弯曲强度计算公式检验轮齿抗弯曲折断的承载能力,用胶合计算公式计算以防止由于齿面发热而产生的胶合损坏。计算疲劳强度及静载强度的公式基本相同,只是某些系数及许用应力不同。许多国家或厂家有自己规定的齿轮强度计算公式,国际标准化组织在 ISO 标准中规定了齿轮强度计算公式。

4.1.1 齿轮传动目标函数的确定

AMT 电动汽车齿轮箱结构如图 4-1 所示。

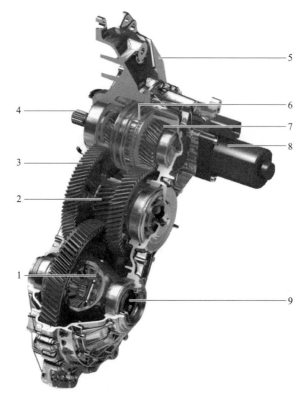

图 4-1　AMT 电动汽车齿轮箱结构

1—差速器；2—主减速器主动齿轮；3—低挡被动齿轮；4—输入轴；5—前壳体；
6—同步器；7—高挡主动齿轮；8—换挡机构；9—半轴

(1) 第一优化目标确定

从齿轮箱设计角度考虑,要求在齿轮箱满足动力性和可靠性的情况下,在传动齿轮具备所要求的承载能力的条件下,尽量减小体积、节省材料、减轻重量、降低成本。由于齿轮箱的体积主要取决于其齿轮系体积,故以齿轮箱齿轮体积之和最小为第一优化目标。由于齿轮的实际体积的计算非常复杂,一般以齿轮的分度圆直径作为等效圆柱体直径来近似计算齿轮的体积。

斜齿圆柱齿轮的体积计算公式为

$$V = \frac{\pi}{4} d^2 b \tag{4-1}$$

式中,d 为分度圆直径,mm;b 为齿轮齿宽,mm。

其中分度圆直径 d 为

$$d = \frac{m_n z}{\cos\beta} \tag{4-2}$$

式中,m_n 为齿轮法向模数;z 为齿轮齿数;β 为齿轮螺旋角,(°)。

综合式(4-1)、式(4-2)得到体积 V 为

$$V = \pi \left(\frac{m_n z}{2\cos\beta}\right)^2 b \tag{4-3}$$

由于传动齿轮采用渐开线圆柱齿轮,相互啮合的两齿轮的模数和螺旋角相同。就一对斜齿轮而言,齿轮的分度圆柱螺旋角相等,方向相反。则齿轮箱总体积可以表述为

$$f_1(x) = V = \pi \left(\frac{m_{n12} z_1}{2\cos\beta_{12}}\right)^2 b_{12} + \pi \left(\frac{m_{n12} z_2}{2\cos\beta_{12}}\right)^2 b_{12} + \pi \left(\frac{m_{n11} z_3}{2\cos\beta_{11}}\right)^2 b_{11} + \\ \pi \left(\frac{m_{n11} z_4}{2\cos\beta_{11}}\right)^2 b_{11} + \pi \left(\frac{m_{n22} z_5}{2\cos\beta_{22}}\right)^2 b_{22} + \pi \left(\frac{m_{n22} z_6}{2\cos\beta_{22}}\right)^2 b_{22} \tag{4-4}$$

式中,m_{n12}、m_{n11}、m_{n22} 分别为常啮合齿轮、一挡齿轮、二挡齿轮的法向模数;β_{12}、β_{11}、β_{22} 分别为常啮合齿轮、一挡齿轮、二挡齿轮的螺旋角;b_{12}、b_{11}、b_{22} 分别为常啮合齿轮、一挡齿轮、二挡齿轮的齿宽。

设计的机械式自动齿轮箱是在平行轴之间进行换挡的,图4-1中的两对齿轮如要正确啮合传动,中心距一定要相等。各对啮合齿轮中心距的计算公式为

$$a_i = \frac{m_i(z_{2i-1} + z_{2i})}{2\cos\beta_i} \tag{4-5}$$

齿轮箱中心距为

$$a = \frac{m_{n12}(z_1 + z_2)}{2\cos\beta_{12}} = \frac{m_{n11}(z_3 + z_4)}{2\cos\beta_{11}} = \frac{m_{n22}(z_5 + z_6)}{2\cos\beta_{22}} \tag{4-6}$$

式(4-4)为第一目标函数。

(2) 第二优化目标确定

齿轮传动重合度对齿轮箱传动平稳性和可靠性有很大的影响,重合度大则传动平稳、噪声小,对降低传动过程中的动载荷就越有利;故三对齿轮传动重合度之和的最大化是要达到的第二优化目标。

三对斜齿圆柱齿轮传动的重合度计算公式如下。

常啮合齿轮重合度为

$$\varepsilon_{r12}=1.88-3.2\left(\frac{1}{z_1}+\frac{1}{z_2}\right)\cos\beta_{12}+\frac{b_{12}\sin\beta_{12}}{\pi m_{n12}} \tag{4-7}$$

一挡齿轮重合度为

$$\varepsilon_{r11}=1.88-3.2\left(\frac{1}{z_3}+\frac{1}{z_4}\right)\cos\beta_{11}+\frac{b_{11}\sin\beta_{11}}{\pi m_{n11}} \tag{4-8}$$

二挡齿轮重合度为

$$\varepsilon_{r22}=1.88-3.2\left(\frac{1}{z_5}+\frac{1}{z_6}\right)\cos\beta_{22}+\frac{b_{22}\sin\beta_{22}}{\pi m_{n22}} \tag{4-9}$$

因通常以目标函数的最小化进行优化计算，为了方便计算，故取总重合度的相反数最小为第二目标函数，于是得到第二目标函数为

$$f_2(x)=\varepsilon_{r12}-\varepsilon_{r11}-\varepsilon_{r22} \tag{4-10}$$

4.1.2 齿轮箱设计变量的确定

齿轮箱齿轮系统的设计很复杂，涉及的参数和影响因素很多，为了使问题简化，把设计时考虑到的主要参数作为优化设计变量即可，因此齿轮箱速比匹配的设计变量为

$$\begin{aligned}x &= \begin{bmatrix} x_1 & x_2 & x_3 & x_4 & x_5 & x_6 & x_7 & x_8 & x_9 & x_{10} & x_{11}\end{bmatrix}^T \\ &= \begin{bmatrix} i_{12} & z_1 & \beta_{12} & \beta_{11} & \beta_{22} & m_{n12} & m_{n11} & m_{n22} & b_{12} & b_{11} & b_{22}\end{bmatrix}^T\end{aligned} \tag{4-11}$$

4.1.3 齿轮箱约束条件的确定

(1) 中心距约束

齿轮箱的中心距对齿轮箱的体积和重量有很大影响，在保证齿轮箱能够传递电机最大转矩和具有足够强度的条件下，应尽量减小中心距。

中心距的计算公式为

$$a=K_a\sqrt[3]{T_{\max}i_g\eta_g} \tag{4-12}$$

式中，K_a 为中心距系数；$T_{\max}$ 为驱动电机最大转矩；i_g 为齿轮箱的传动比；η_g 为齿轮箱的传动效率。

可得到相应的中心距约束条件为

$$K_{a\max}\sqrt[3]{T_{\max}i_g\eta_g}-\frac{m_{n12}(z_1+z_2)}{2\cos\beta_{12}}\leqslant 0 \tag{4-13}$$

(2) 轴的轴向力约束

运用斜齿圆柱齿轮传动可以减小齿轮箱体积、提高传动平稳性和降低噪声，但斜齿轮螺旋角较大时，传递转矩时产生的轴向力也会很大。设计时，应使中间轴齿轮产生的轴向力趋于平衡，以减小轴承负荷，提高轴承寿命。为此，中间轴上的斜齿轮取为右旋，而输入、输出轴的斜齿轮取为左旋。这样可使两个

斜齿轮的轴向力相互抵消大部分,余下的部分由齿轮箱箱体承受,如图 4-2 所示。

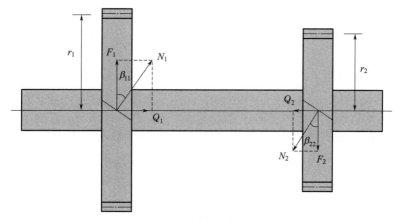

图 4-2 轴向力的平衡

图 4-2 中,r_1、r_2 为齿轮分度圆半径,N_1、N_2 为齿轮传动所受正压力。根据受力分析,可知轴向力相互抵消时有 $Q_1 \approx Q_2$,即

$$|Q_1 - Q_2| \leqslant \delta \tag{4-14}$$

式中,δ 为设计时给定的值,单位为 N。若 δ 过大会使轴承的载荷过大,并降低机械传动效率。

进一步可得

$$|m_{n2} z_2 \tan\beta_1 - m_{n1} z_1 \tan\beta_2| \leqslant \delta \tag{4-15}$$

δ 应根据设计经验数据选取。

(3) 斜齿轮轴向重合度系数约束

为保证传动平稳性,要求斜齿轮传动时的轴向重合度系数不小于 1,即 $\varepsilon_\beta = b\sin\beta/(\pi m_n) \geqslant 1$,于是得到约束条件为

$$\begin{cases} \pi m_{n12} - b_{12} \sin\beta_{12} \leqslant 0 \\ \pi m_{n11} - b_{11} \sin\beta_{11} \leqslant 0 \\ \pi m_{n22} - b_{22} \sin\beta_{22} \leqslant 0 \end{cases} \tag{4-16}$$

(4) 边界约束

① 模数约束:对于轿车,通常取 $2.25\text{mm} \leqslant m_n \leqslant 3.0\text{mm}$。

② 螺旋角约束:一般来说,中间轴式齿轮箱取 $22.5° \leqslant \beta \leqslant 34°$。

③ 齿宽约束:一般取 $7.0 m_n \leqslant b \leqslant 8.6 m_n$。

④ 齿轮根切约束:对于小齿轮,一般齿数要求 $15 \leqslant z \leqslant 17$。

4.2 行星机构的设计与计算

行星机构设计的主要任务是确定各轮的齿数,选择适当的均衡装置。

4.2.1 行星轮系中各轮齿数的确定

行星轮系用来传递运动,就必须实现工作所要求的传动比,因此各轮齿数必须满足第一个条件——传动比条件。

行星轮系是一种共轴式的传动装置。为了保证装在系杆上的行星轮在传动过程中始终与中心轮正确啮合,必须使系杆的转轴与中心轮的轴线重合,这就要求各轮齿数必须满足第二个条件——同心条件。

行星轮系中如果只有一个行星轮,则所有载荷将由一对啮合齿轮来承受,功率也由一对啮合齿轮来传递。由于在运动过程中,轮齿的啮合力以及行星轮的离心惯性力都随着行星轮绕中心轮的转动而改变方向,因此轴上所受的是动载荷。为了提高承载能力和解决动载荷问题,通常采用若干个均匀分布的行星轮。这样,载荷将由多对齿轮来承受,可大大提高承载能力;又因行星轮均匀分布,中心轮上作用力的合力将为零,系杆上所受的行星轮的离心惯性力也将得以平衡,可大大改善受力状况。要使多个行星轮能够均匀地分布在中心轮四周,就要求各轮齿数必须满足第三个条件——装配条件。

均匀分布的行星轮数目越多,每对齿轮所承受的载荷就越小,能够传递的功率也越大。但受到一个限制,就是不能让相邻两个行星轮的齿顶产生干涉和相互碰撞。因此,由上述三个条件确定了各轮齿数和行星轮个数后,还必须进行这方面的校核,这就是各轮齿数需要满足的第四个条件——邻接条件。

下面以图 4-3 为例对单排行星轮系加以讨论。

(1) 传动比条件

因

$$i_{1H}=1+\frac{z_3}{z_1}$$

故

$$\frac{z_3}{z_1}=i_{1H}-1$$

由此可得

$$z_3=(i_{1H}-1)z_1 \tag{4-17}$$

(2) 同心条件

中心轮 1 与行星轮 2 组成外啮合传动,中心轮 3 与行星轮 2 组成内啮合传动,同心条件就是要求这两组传动的中心距必须相等,即 $a'_{12}=a'_{23}$

因

$$a'_{12}=r'_1+r'_2$$
$$a'_{23}=r'_3-r'_2$$

故

$$r'_1+r'_2=r'_3-r'_2 \tag{4-18}$$

若三个齿轮均为标准齿轮或高度变位齿轮,则式(4-18)可用各齿轮的分度圆半径表示,即

$$r_1+r_2=r_3-r_2 \tag{4-19}$$

分度圆半径可用齿数和模数来表示,因各轮模数相等,故式(4-19)可写为

$$z_1+z_2=z_3-z_2 \tag{4-20}$$

即

$$z_2=\frac{z_3-z_1}{2} \tag{4-21}$$

式(4-21) 表明，两中心轮的齿数应同为奇数或偶数。将式(4-17) 代入式(4-21)，整理后可得

$$z_2 = \frac{i_{1H} - 2}{2} z_1 \tag{4-22}$$

若采用角度变位齿轮，由于变位后的中心距分别为

$$a'_{12} = a_{12} \frac{\cos\alpha}{\cos\alpha'_{12}} = \frac{m}{2}(z_1 + z_2)\frac{\cos\alpha}{\cos\alpha'_{12}} \tag{4-23}$$

$$a'_{23} = a_{23} \frac{\cos\alpha}{\cos\alpha'_{23}} = \frac{m}{2}(z_3 - z_2)\frac{\cos\alpha}{\cos\alpha'_{23}} \tag{4-24}$$

故同心条件的关系式变为

$$\frac{z_1 + z_2}{\cos\alpha'_{12}} = \frac{z_3 - z_2}{\cos\alpha'_{23}} \tag{4-25}$$

(3) 装配条件

若需要有 k 个行星轮均匀地分布在中心轮四周，则相邻两个行星轮之间的夹角为 $\frac{360°}{k}$。设行星轮数目为偶数，参照图 4-3 分析行星轮数目 k 与各轮齿数间应满足的关系。

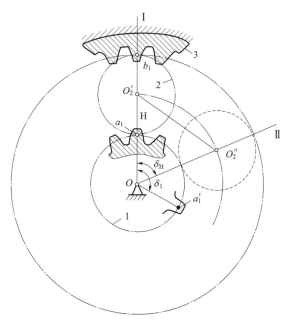

图 4-3 单排行星轮系示意（各轮齿数确定）
1～3—齿轮

如图 4-3 所示，设 I 位置线为固定中心内齿轮 3 的某一齿厚中线。为了在 I 位置处装入第一个行星轮，必须使该行星轮的齿槽中线放置在 I 位置线上，才能与内齿轮 3 的轮齿相配合。由于行星轮是偶数个齿，所以在它与中心轮 1 相啮合的一侧，也一定是其齿槽中线。为了使中心轮 1 的轮齿能与行星轮的该齿槽相配合，把中心轮 1 的某一齿厚转到该处，即中心轮 1 的某一齿厚中线与 I 位置线重合。可以看出，I 位置线通过行星轮 2 和中心轮 3 的节圆切点即节点

b_1、b_1 点是齿轮 3 的齿厚中点；同时 I 位置线也通过行星轮 2 和中心轮 1 的节圆切点即节点 a_1，a_1 点是中心轮 1 的齿厚中点。当第一个行星轮在 I 位置线装入后，中心轮 1 和 3 的相对角向位置就通过该行星轮而产生了联系。

为了易于说明和分析装配条件，可采用依次轮流装入法来安装其余各行星轮，即让每个行星轮都依次从 I 位置处装入。为此，让系杆转动 $\delta_H = \dfrac{360°}{k}$，使 I 位置处的行星轮转到 II 位置处；与此同时，中心轮 1 将按传动比 i_{1H} 的关系转过角度 δ_1，这时它上面的 a_1 点将到达 a_1' 位置。

因

$$i_{1H} = \frac{\delta_1}{\delta_H}$$

故

$$\delta_1 = i_{1H}\delta_H = i_{1H}\frac{360°}{k} \tag{4-26}$$

此时，若在空出的 I 位置处，齿轮 1 和 3 的轮齿相对位置关系与装入第一个行星轮时完全相同，则在该位置处一定能够顺利地装入第二个行星轮。为此，就要求在中心轮转过角度 δ_1 后，其上某一轮齿的齿厚中点正好到达原来的 a_1 点位置，即要求中心轮正好转过整数个齿距。若用 N 来表示这一正整数，又由于中心轮 1 每个齿距所对的圆心角为 $\dfrac{360°}{z_1}$，则

$$\delta_1 = N\frac{360°}{z_1} \tag{4-27}$$

将式(4-26)、式(4-27)两式联立求解，即得装配条件的关系式为

$$z_1 = \frac{kN}{i_{1H}} \tag{4-28}$$

若行星轮齿数为奇数，经过类似的推导过程，仍能得到同样的结果。

装入第二个行星轮后，再将系杆转过 $\dfrac{360°}{k}$，中心轮 1 又会相应地转过 $N\dfrac{360°}{z_1}$，故又可装入第三个行星轮。依此类推，直至装入 k 个行星轮。

若将 $i_{1H} = 1 + \dfrac{z_3}{z_1}$ 代入式(4-28)，可得

$$N = \frac{z_1 + z_3}{k} \tag{4-29}$$

式(4-29)表明，欲将 k 个行星轮均匀分布在中心轮四周，则两个中心轮的齿数和应能被行星轮个数 k 整除。

在设计计算时，由于传动比是已知条件，故通常用式(4-29)作为装配条件关系式。

(4) 邻接条件

在图 4-3 中，O_2'、O_2'' 分别为相邻两行星轮的转轴中心，为了保证相邻两行星轮的齿顶不发生碰撞和干涉，就要求其中心连线大于两行星轮的齿顶圆半径之和，即

$$O_2'O_2'' > 2r_{a2} \tag{4-30}$$

式中，r_{a2} 为行星轮的齿顶圆半径。

对于标准齿轮转动，可得

$$2(r_1+r_2)\sin\frac{180°}{k} > 2(r_2+h_a^* m)$$

或

$$(z_1+z_2)\sin\frac{180°}{k} > (z_2+h_a^*) \tag{4-31}$$

当采用变为齿轮传动时，其邻接条件应根据齿轮的实际尺寸进行校核。

至此，得到了单排行星轮系中用以确定各轮齿数的四个条件的关系式。

4.2.2 行星轮系的均衡装置

行星轮之所以具有体积小、重量轻、承载能力高等优点，主要是由于在结构上采用了多个行星轮均布分担载荷，并合理地利用了内啮合传动的空间。如果各行星轮之间的载荷分配是均衡的，则随着行星轮数目的增加，其结构将更为紧凑。但实际上，由于零件不可避免地存在制造误差、安装误差和受力后的变形，往往会造成行星轮间的载荷不均衡，使这种优点难以实现。为了尽可能降低载荷分配不均现象，提高承载能力，更充分地发挥其优点，在设计行星轮系时，必须合理地选择或设计其均衡装置。

(1) 采用基本构件浮动的均衡装置

基本构件浮动是指行星轮系的某基本构件（中心外齿轮、中心内齿轮或系杆）不加径向支承，允许径向或偏转位移，当受载不均衡时，即可自动寻找平衡位置（即自动定心），直至各行星轮之间载荷均匀分配为止，从而达到载荷均衡的目的。

基本构件浮动最常用的方法是采用双齿式或单齿式联轴器。三个基本构件中有一个浮动即可起到均衡作用，若两个基本构件同时浮动，则效果最好。

(2) 采用弹性元件的均衡装置

这类均衡装置主要是通过弹性元件的弹性变形使各行星轮之间的载荷得以均衡。其优点是具有良好的减振性，结构比较简单；缺点是载荷不均衡系数与弹性元件的刚度及总制造误差成正比。

这种均衡装置形式很多，图 4-4 所示为几种结构：图 (a) 为行星轮装在位于行星轴上的非金属弹性衬套上；图 (b) 为非金属弹性衬套安装在行星架上；图 (c) 为行星轮内孔与轴承外套的介轮之间留有较大间隙以形成厚油膜的油膜弹性浮动。它们均可以用于行星轮数目大于 3 的行星轮系中。

(3) 采用杠杆联动的均衡装置

这种均衡装置中装有偏心的行星轮轴和杠杆系统。当行星轮受力不均衡时，可通过杠杆系统的联锁动作自行调整达到新的平衡位置。它适应于具有 2 个、3 个和 4 个行星轮的行星轮系。其优点是均衡效果较好，缺点是结构较复杂。

图 4-5 所示为 3 个行星轮的均衡装置。3 个偏心的行星轮互成 120°布置，每个偏心轴与平衡杠杆刚性连接，杠杆的另一端由一个能在自身平面内自由运动的浮动环支撑。当作用在 3 个行星轮轴上的力互不相等时，则作用在浮动环上

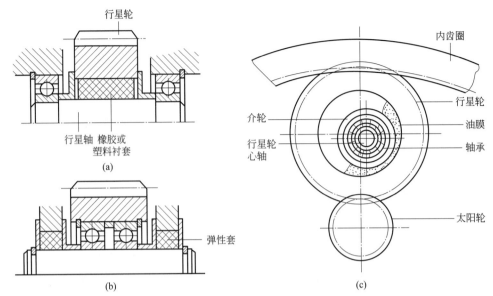

图 4-4 采用弹性元件的均衡装置

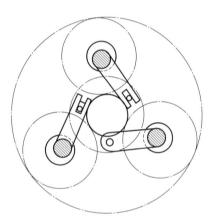

图 4-5 采用杠杆联动的均衡装置

的 3 个力也不相等,环即失去平衡,产生移动或转动,使受载大的行星轮减载,受载小的行星轮增载,直至达到平衡为止。

4.2.3 行星轮系传动比的计算

(1) 行星轮系传动比计算的基本思路

行星轮系与定轴轮系的根本区别在于行星轮系中有一个转动着的系杆,因此使行星轮既公转又自转。如果能够设法使系杆固定不动,那么行星轮系就可以转化成一个定轴轮系。为此,假想给整个轮系加上一个公共的角速度($-\omega_H$),根据相对运动原理可知,各构件之间的相对运动关系并不改变,但此时系杆的角速度就变成了 $\omega_H-\omega_H=0$,即系杆可视为静止不动。于是,行星轮系就转化成了一个假想的定轴轮系,通常称这个假想的定轴轮系为行星轮系的转化机构。

下面以图4-6所示的单排行星轮系为例，来说明当给整个轮系加上一个 $-\omega_H$ 的公共角速度后，各构件角速度的变化情况，具体见表4-1。

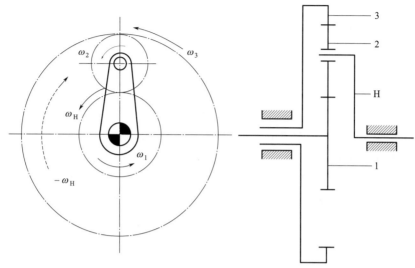

图4-6 单排行星轮系示意（传动比计算）
1～3—齿轮

表4-1 行星轮系转化机构中各构件的角速度

构件代号	原有角速度	在转化机构中的角速度（即相对于系杆的角速度）
1	ω_1	$\omega_1^H = \omega_1 - \omega_H$
2	ω_2	$\omega_2^H = \omega_2 - \omega_H$
3	ω_3	$\omega_3^H = \omega_3 - \omega_H$
H	ω_H	$\omega_H^H = \omega_H - \omega_H = 0$

该转化机构的传动比可以按照定轴轮系传动比的计算方法来计算。通过该转化机构传动比的计算，可以得到行星轮系中各构件的真实角速度之间的关系，进而求得行星轮系的传动比。

(2) 行星轮系传动比的计算方法

首先求转化机构的传动比。由传动比的概念可知

$$i_{13}^H = \frac{\omega_1^H}{\omega_3^H} = \frac{\omega_1 - \omega_H}{\omega_3 - \omega_H} \tag{4-32}$$

式中，i_{13}^H 表示在转化机构中1轮主动、3轮从动时的传动比。由于转化机构为一定轴轮系，因此其传动比大小为

$$i_{13}^H = -\frac{z_3}{z_1} \tag{4-33}$$

综合式(4-32)和式(4-33)可得

$$i_{13}^{H}=\frac{\omega_1-\omega_H}{\omega_3-\omega_H}=-\frac{z_3}{z_1} \tag{4-34}$$

式(4-34)中齿数比前的"—"表示在转化机构中齿轮1和齿轮3的转向相反。

根据上述原理,不难写出行星轮系转化机构传动比的一般公式。设行星轮系中两个中心轮分别为1和n,系杆为H,则其转化机构的传动比可表示为

$$i_{1n}^{H}=\frac{\omega_1-\omega_H}{\omega_n-\omega_H}=\pm\frac{z_2}{z_1} \tag{4-35}$$

一个行星轮系转化机构的传动比为"+",则称其为正号机构,为"—"则称其为负号机构。

由式(4-35)可以看出,在各轮齿数均为已知的情况下,可以求出转化机构的传动比。因此,只要给定了三个齿轮中任意两个的齿数,由式(4-35)就可以求出第三个齿轮的齿数,从而可以方便地得到行星轮系三个基本构件中任两个构件之间的传动比。

在利用式(4-35)计算行星轮系传动比时,需要注意以下两点。

① 式(4-35)中是转化机构中1轮主动、n轮从动时的传动比,其大小和正负完全按定轴轮系来处理。在具体计算时,它不仅表明在转化机构中中心轮1和n轮转向之间的关系,而且表明行星轮系传动比的大小。要特别注意转化机构传动比的正负号,它反映了行星轮系中各基本构件的旋转方向。

② 对于行星轮系来说,由于其中一个中心轮是固定的(例如中心轮n固定,即$\omega_n=0$),这时可直接由式(4-35)求出其余两个基本构件间的传动比。

4.3 离合器的结构与工作原理

4.3.1 离合器的作用

① 连接作用:将行星齿轮机构中某一元件与主动部分相连,使该元件成为主动部件。

② 锁定作用:将行星齿轮机构中任两元件锁定为一体,使第三个元件具有相同转速,这时行星齿轮机构作为一个刚性整体,实现直接传动。

离合器将行星传动齿轮箱的输入轴和行星排的某个基本元件连接,或将行星排的某两个基本元件连接在一起,使之成为一个整体,它是自动变速器中最重要的换挡执行组件之一。在自动变速器换挡执行机构中,目前作为自动变速器换挡执行组件普遍采用的离合器是圆盘式多片湿式离合器。这是由于其表面积较大,所传递转矩也大,可通过改变施加压力的大小、在摩擦表

面单位面积压力不增加的情况下增减片数，达到按要求容量调节工作转矩的目的，便于系列化和通用化；摩擦副表面单位面积压力分布均匀，摩擦材料磨损均匀，主、被动片间的运转间隙不需要因磨损或相配衬面的接合不良而进行调整；在自动变速器中装配方便，且使用中不需专门调整摩擦片间隙；对于传动轴没有径向负荷，摩擦组件受力情况与旋转方向无关。分离时摩擦片间有相对摩滑损失，特别当摩擦片数量较多时，空转摩滑损失较大是其缺点。

4.3.2 离合器的分类

离合器的摩擦片在变速器油中工作，且用油压推动活塞进行工作，具有良好的性能和高的使用寿命是由其结构决定的。

① 按离合器的数目分：单离合器、双离合器。
② 按离合器油缸的工作方式分：油缸旋转的缸体移动或活塞移动、油缸可旋转可固定、油缸固定不动（制动器）。
③ 按活塞受压方式分：活塞单面受压、活塞双面受压、活塞分阶段受压。
④ 按摩擦压紧力传递方式分：活塞直接压紧、经压板压紧、经杠杆和压板压紧、经弹簧（盘片）和压板压紧。

离合器通常由离合器缸体、离合器活塞、回位弹簧、弹簧座、钢片、摩擦片、离合器压板、卡环、离合器壳及密封圈组成，如图 4-7 所示。在有些自动变速器中，将两个离合器合成一体，装在同一个离合器壳内，以使结构更加紧凑。

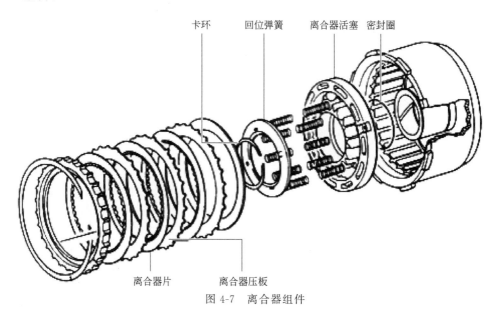

图 4-7 离合器组件

离合器活塞安装在离合器缸体内，它是一种环状活塞，由活塞内外圆的密封圈确保其密封，从而和离合器缸体一起形成一个封闭的环状液压缸，并通过离合器缸体上的进油孔和控制油道相通，钢片和摩擦片交错排列，两者统称为离合器片。钢片的外花键齿与离合器缸体的内花键齿圈接合，可沿齿圈键槽轴向移动，摩擦片的内花键齿与离合器壳的外花键齿接合，也可沿键槽轴向移动，摩擦片的两面（衬面）均有摩擦因数较大的铜基粉末冶金材料层或合成纤维层等。

离合器缸体或离合器壳分别以一定的方式和变速器输入轴或行星排的某个基本元件相连，一般离合器缸体为主动件，离合器壳为从动件。离合器压板外圈上有齿，与离合器缸体相啮合；摩擦片内圈上有齿，与离合器缸体相啮合。当来自控制阀的液压油进入离合器液压缸时，作用在离合器活塞上的液压油的压力推动活塞，使之克服回位弹簧的弹力而移动，将所有的钢片和摩擦片相互压紧在一起；钢片和摩擦片之间的摩擦力使离合器缸体和离合器壳连接为一个整体，分别与离合器缸体和离合器壳连接的输入轴或行星排的基本组件也因此被连接在一起，此时离合器处于接合状态。

当液压控制系统将作用在离合器液压缸内的液压油的压力解除后，离合器活塞在回位弹簧的弹力作用下被压回液压缸的底部，并将液压缸内的液压油从进油孔排出，此时离合器的钢片与摩擦片间存在间隙而相互分离，两者之间无压力，离合器处于分离状态。离合器缸体和离合器壳可以朝不同的方向或以不同的转速旋转。离合器活塞和离合器片或离合器片和卡环之间有一定的轴向间隙，以确保钢片和摩擦片之间无任何轴向压力，这一间隙称为离合器的自由间隙，其大小可用弹簧挡圈的厚度来调整。一般离合器自由间隙的标准为 0.5～2.0mm，离合器自由间隙标准的大小取决于离合器片的片数和工作条件，通常离合器片的片数越多或该离合器的交替工作越频繁，其自由间隙就越大。

有些离合器在活塞和钢片之间有一个碟形环，如图 4-8 所示。它具有一定的弹性，可以减缓离合器接合时的冲击力。

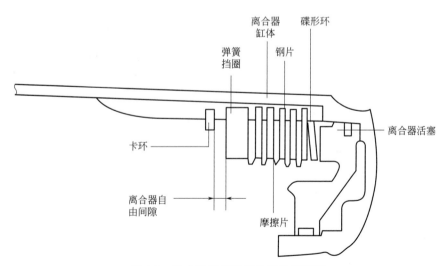

图 4-8 离合器活塞和钢片间的碟形环

离合器处于分离状态时，其液压缸内仍残留少量液压油，由于离合器缸体是随同变速器输入轴或行星排某一基本件一同旋转的，残留在液压缸内的液压油在离心力的作用下会被甩向液压缸外缘处，并在该处产生一定的油压，若离合器缸体的转速较高，这一压力有可能推动离合器活塞压向离合器片，使离合器处于半接合状态，导致钢片和摩擦片因互相接触摩擦而产生不应有的磨损，影响离合器的使用寿命。为了防止这种情况出现，在离合器活塞或离合器缸体的液压缸壁面上设有一个单向球阀或节流孔。当液压油进入液压缸时，钢球在油压的推动作用下压紧在阀座上，单向球阀处于关闭状态，确保液压缸的密封；当液压缸内的油压被解除后，钢球在离心力的作用下离开阀座，使单向球阀处于开启状态，残留在液压缸内的液压油在离心力的作用下从阀孔中流出，保证离合器彻底分离。

当离合器处于接合状态时，互相压紧在一起的钢片和摩擦片之间要有足够的摩擦力，以确保传递动力时不产生打滑现象，离合器所能传递的动力的大小主要取决于摩擦片的面积、片数及钢片和摩擦片之间的压紧力。钢片和摩擦片之间压紧力的大小由作用在离合器活塞上的油压及活塞的面积决定，当压紧力一定时，离合器所能传递的动力的大小就取决于摩擦片的面积和片数。在同一个自动变速器中通常有几个离合器，它们的直径、面积基本上相同或相近，但它们所传递的动力的大小往往有很大差异。为了确保动力的传递，每个离合器所使用的摩擦片的片数也各不相同，离合器所要传递的动力越大，其摩擦片的片数就越多，一般离合器所使用的摩擦片的片数为 2~6 片，离合器钢片的片数应等于或多于摩擦片的片数，以确保每个摩擦片的两面都有钢片。可通过增减各离合器摩擦片的片数来形成不同型号的自动变速器，以满足不同排量车型的使用要求，在这种情况下，当减少或增加摩擦片的片数时，要相应增加或减少钢片的片数或增减调整垫片的厚度，以确保离合器的自由间隙不变。有些离合器在相邻两摩擦片之间装有两片钢片，这是为了确保自动变速器在改型时的灵活性，并非漏装了摩擦片。

影响离合器工作寿命的因素首先是摩擦片表面的耐磨性，其次是自动换挡的接合时间。在自动变速器的使用过程中，如果变速器油量不够或油液变质或油路系统漏油，导致离合器接合时油缸油压不够，引起离合器打滑或接合时间长，将造成接合时严重发热而引起摩擦材料的烧伤和过度磨损。

目前，在自动变速器离合器中，摩擦衬片广泛采用纸质浸树脂材料，由于其性能优越，有取代铜基粉末冶金材料的趋势。纸质材料与钢片摩擦时，其动摩擦因数约为 0.14，大于静摩擦因数（约为 0.10），粉末冶金材料与钢片摩擦时，其动摩擦因数则小于静摩擦因数（仅约为后者的 1/2）。在摩擦片的摩擦衬片表面上都有油槽，其作用一是破坏油膜，提高滑动摩擦时的摩擦因数，同时又具有一定的润滑能力，二是确保变速器油能流通，以冷却摩擦表面。

离合器活塞回位弹簧有四种，如图 4-9 所示，即圆周均布螺旋弹簧、中央螺旋弹簧、波形弹簧和膜片弹簧。圆周均布螺旋弹簧具有压力分布均匀、轴向尺寸小、成本低等优点，被绝大多数自动变速器的离合器所采用；其缺点

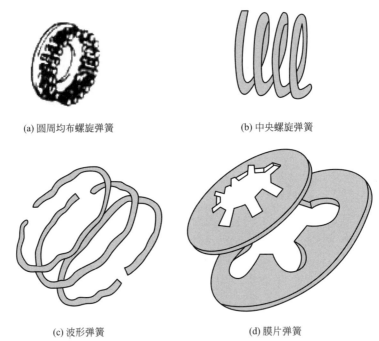

(a) 圆周均布螺旋弹簧　　　　　(b) 中央螺旋弹簧

(c) 波形弹簧　　　　　　　　　(d) 膜片弹簧

图 4-9　离合器活塞回位弹簧

是要占据较大的径向空间。中央螺旋弹簧的轴向尺寸较大，且压力分布不够均匀，因此较少采用。膜片弹簧是一个由薄弹簧钢板制成的碟形膜片，作为离合器活塞的回位弹簧，膜片弹簧的外圆被一个卡环固定在离合器缸体上，以此作为膜片弹簧工作的支点，并依靠自身的弹力使内圆端面压在离合器活塞上，从而使活塞靠向液压缸的底部，此时离合器处于分离状态；当液压油进入液压缸推动活塞时，膜片弹簧的内圆端面被活塞压向离合器压盘，使膜片弹簧变形，并通过膜片弹簧内外圆之间的一个环形部分推压离合器压盘，将离合器片压紧在一起。由于活塞的推力是通过膜片弹簧传给离合器压盘的，因此此时膜片弹簧相当于一个支点位于离合器缸体上的杠杆，根据杠杆原理，作用在离合器压盘上的压力将大于液压油作用在离合器活塞上的压力，因此膜片弹簧可以允许活塞有较小的尺寸，此外膜片弹簧还具有理想的非线性弹性特性，液压油在推动活塞移动时要克服的回位弹簧弹力较小，随着活塞的位移，回位弹簧的弹力基本保持不变，使液压油的压力得到充分利用。

4.4　齿轮箱体轻量化

车辆轻量化技术是有效节能环保和控制生产成本的措施之一。汽车底盘作为整车的主要占重部件，占整车的重量的大部分比例，因此汽车底盘轻量化的工作意义重大，齿轮箱作为电动汽车底盘的重要核心部分，国内外相关研究人员已对其轻量化研究做了大量工作。

4.4.1 结构优化设计方法简介

结构优化设计是在满足一定约束条件的情况下，不断改变设计变量值的大小，使结构的相关性能无限接近或符合预期要求。对于一些工程实际问题而言，直接将问题转换为在确保结构符合相关性的基础上，寻求最优的设计变量，使该结构达到预期的性能。随着结构优化设计在工程应用领域中广泛使用，优化设计理论也相应得到了完善发展。优化设计的本质是将结构的实际物理模型转化为相应数学模型，即实现模型间的切换，再利用相关计算机技术和寻优算法寻求结构的最佳优化设计。

结构优化设计根据阶段的不同一般可分为概念设计阶段、基本设计阶段和详细设计阶段，如图 4-10 所示。对于一般的优化设计而言，使用频率最高的是概念设计和详细设计。概念设计可细分为以下几个方面：自由尺寸、形貌、拓扑优化。详细设计也可以细分为下面几个方面：自由形状、形状、尺寸优化。常规的优化设计方案都是先根据拓扑优化结果得到结构间材料的分布，然后根据形状和尺寸优化对结构的框架进行后续改进，经过这一系列优化后得到的产品，同时具备重量轻且性能好的优良特性。

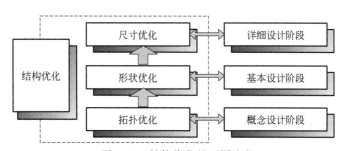

图 4-10　结构优化的不同阶段

拓扑优化主要针对结构上的材料进行重新分配利用，确保优化后的结构能够符合相关性指标要求。拓扑优化的基本理念是在已经给出的设计空间中，通过某种方法寻找到材料的最优分配，这里其实就是一个寻优过程，从而得到满足相应条件的最优结构体。按照结构形式的不同拓扑优化可分为以下两种：离散体拓扑优化、连续体拓扑优化。离散体拓扑优化的定义是，在符合相关边界条件的前提下，寻求结构内各组件的最优分布，在杆件的分布形式、连接方式等中得到了广泛应用；连续体拓扑化优的定义是，在满足一定约束条件的前提下，将选定设计空间内的材料进行重新布置，寻求目标函数的最优化条件，其优化结果一般都显示了材料的再分配情况，在实体、壳类等结构的优化问题中得到了一定应用。

变密度法通过选取结构单元的相对密度作为设计变量，根据工程实际和人为需要，给出材料弹性模量和相对密度之间的某种理想特殊映射关系，该方法具有实施性强且计算效率高的特点。变密度法中插值函数的确定十分重要，一般常见的插值模型有以下两大类。

① SIMP 插值函数模型：在结构离散化的模型中引入连续变量 x_i、惩罚因子 p，实现由离散型优化问题到连续型优化问题的成功转换。弹性模量 E 和单元相对密度 x_i 的关系为

$$E(x) = E_{\min} + x_i^p (E_0 - E_{\min}) \qquad (4\text{-}36)$$

$E(x)$、$(E_0 - E_{\min})$ 分别为插值后的弹性模量、实体部分和孔洞部分的弹性模量差，惩罚系数 p 越大，离散效果越好，但并不是 p 值越大离散效果就越好，过大的 p 值会引起棋盘格问题。

② RAMP 插值函数模型：在结构离散化模型中引入连续变量 x_i、惩罚因子 p，实现由离散型优化问题到连续型优化问题的成功转换。弹性模量 E 和单元相对密度 x_i 的关系为

$$E(x) = E_{\min} + \frac{x_i}{1 + p(1 - x_i)} (E_0 - E_{\min}) \qquad (4\text{-}37)$$

对于一般结构的拓扑优化设计可简单分为以下几个步骤：区域离散化，材料特性分配；施加边界条件；优化设计空间和优化三要素的选择；利用优化算法进行一定次数的迭代，直至优化结果收敛。

4.4.2 齿轮箱结构拓扑优化流程

拓扑优化是一种基于能量法的优化手段。其理念是在符合特定条件的情况下，在结构的设计区域内寻求材料的最佳分配，归根结底就是寻优。拓扑优化的本质就是逐步删除低利用率材料，保留合理且高利用率材料，以得到结构上的最优拓扑。

优化设计的三要素是：设计变量、目标函数、约束条件。设计变量是一组改变结构性能的变量参数；目标函数一般是关于设计变量的某种函数；约束条件是对设计变量和相关性进行限制的参数。拓扑优化基本流程如图 4-11 所示。

采用变密度法来实现结构拓扑优化设计，而变密度法主要是通过定义材料的流动规律来实现的。变密度法的核心理念是引进一种可变密度的理想材料，首先离散化结构单元，假设有限元结构中单元的相对密度相同，选取结构单元的相对密度作为设计变量，弹性模量和单元相对密度之间的非线性函数关系为

$$\begin{cases} E_i = \rho_i^\alpha E \\ \nu_i = \nu_0 \\ \eta_i = \rho_i \eta_0 \end{cases} \qquad (4\text{-}38)$$

式中，下角标 0 表示材料的实际特性参数，E 是材料的弹性模量，ρ_i 为结构单元的相对密度，α 为数值大于 1 的惩罚因子，ν 为泊松比，η_0 为优化区域内结构单元的实际密度，在这里拓扑优化的实际设计变量为 ρ_i。根据有限元分析

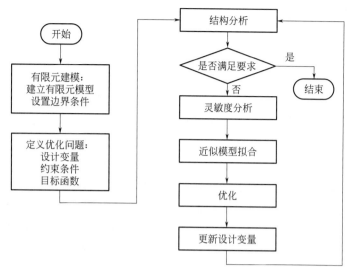

图 4-11 拓扑优化基本流程

基础理论，结构的弹性刚度矩阵计算式为

$$[k^i] = \iiint [B_i]^T [D_i][B^i][J^i] \mathrm{d}\xi \mathrm{d}\rho \mathrm{d}\zeta \tag{4-39}$$

将式(4-39)的相关参数代入得

$$[k^i] = E_i \iiint [B_i]^T [D'_i][B^i][J^i] \mathrm{d}\xi \mathrm{d}\rho \mathrm{d}\zeta = \rho_i^a E_0 [G_i] \tag{4-40}$$

$[D'_i]$为常量矩阵，$[G_i]$定义为

$$[G_i] = \iiint [B_i]^T [D'_i][B^i][J^i] \mathrm{d}\xi \mathrm{d}\rho \mathrm{d}\zeta \tag{4-41}$$

结构每个单元内的应变能为

$$\begin{aligned}
U_i &= \frac{1}{2} \iiint \{\varepsilon_i\}^T [D_i]\{\varepsilon_i\}[J_i] \mathrm{d}\xi \mathrm{d}\rho \mathrm{d}\zeta \\
&= \frac{1}{2} \{\delta_i\}^T \iiint [B_i]^T [D_i][B_i][J_i] \mathrm{d}\xi \mathrm{d}\rho \mathrm{d}\zeta \{\delta_i\} \\
&= \frac{1}{2} \{\delta_i\}^T [k_i]\{\delta_i\}
\end{aligned} \tag{4-42}$$

单元应变向量$\{\varepsilon\}$和单元节点位移向量$\{\delta\}$满足$\{\varepsilon\}=[B]\{\delta\}$的关系，$[B]$为单元应变矩阵。因此整体结构的应变能为

$$U = \sum_{i=1}^{n} U_i = \frac{1}{2} \{U\}^T [K]\{U\} \tag{4-43}$$

$\{U\}$代表整个结构的应变能向量，$[K]$代表结构整体刚度矩阵，而它们的维度是由有限元模型单元的类型决定的。

对箱体进行基于变密度法的拓扑优化设计，要充分考虑各工况的影响，所以其应变能的大小要综合考虑引入加权系数W。

综上所述，以变密度法为基础的齿轮箱体数学模型为

$$\begin{cases} \rho = (\rho_1, \rho_2, \cdots, \rho_n)^T \\ U_{\text{总}} = \sum_{k=1}^{3} W_k U_k \\ \sum V_i \rho_i \leqslant V_0 - V^* (V_0(1-\Delta) \\ \varepsilon \leqslant \rho_i \leqslant 1 (i = 1, 2, \cdots) \\ d_i \leqslant d; \sigma_i \leqslant [\sigma] \end{cases} \quad (4\text{-}44)$$

式中，ρ_i 为拓扑优化的设计变量；W_k 为各工况的加权系数；U_k 为对应工况的应变能；V_0 为结构设计区域原始体积；V^* 为待删除单元体积；Δ 为待删除结构所占比例；ε 为相对密度值的最小阈值下限，取值范围为 $0.25 \sim 0.4$，当拓扑优化迭代次数达到一定程度时，特定结构单元处会出现相对密度值小于 ε 的情况，应立即删除该单元形成孔洞；d_i、σ_i 分别为各工况下的位移和应力数值。

第5章

动力传动系统参数匹配

5.1 动力传动系统方案分析
5.2 驱动电机与变速器参数匹配
5.3 电驱动桥的匹配实例

动力传动系统是影响纯电动汽车性能的主要系统之一，为了满足纯电动汽车的动力性、经济性和舒适性要求，同时要降低生产成本和提高续驶里程，在整车参数和设计要求的基础上，对电机和变速器参数进行匹配。

5.1 动力传动系统方案分析

5.1.1 动力传动系统的组成

动力传动系统作为纯电动汽车与传统内燃机汽车差别最大的部件，是纯电动汽车的核心。动力传动系统主要由电源系统、集成控制器、驱动电机控制器、驱动电机、机械传动装置、车轮等组成，如图5-1所示。

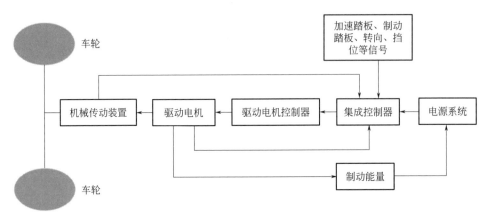

图 5-1 纯电动汽车动力传动系统结构简图

电源系统主要包括电源、充电器、能量管理系统等。电源是驱动电机能量的来源，应具有高比能量和高比功率等性能，以满足纯电动汽车的动力性和续驶里程的要求，而且还应具有与汽车使用寿命相当的循环寿命、效率高、成本低和免维护等特点，是目前制约纯电动汽车发展的主要因素。能量管理系统主要负责监测电源的使用情况以及控制电机向蓄电池充电。

集成控制器主要用于动力传动系统的控制与协调，从整车的角度进行转矩和转速的控制，有效改善驾驶员的感受。通过接收加速踏板、制动踏板、转向、挡位等信号判断驾驶员的驾驶意图，向驱动电机控制器和换挡机构发送相关命令，实时调节转矩输出，以实现整车的怠速、加速和能量回收等功能。

驱动电机控制器主要用于控制电机的电压或频率，完成电机驱动转矩和旋转方向的控制，同时能对自身的温度、电机运行温度实时监控，通过接收整车控制器的命令进行相关的控制，同时把转矩、转速和温度信号反向传递给整车控制器。

驱动电机是电能和机械能的转换装置，具有适用于纯电动汽车的电机外特性，在额定转速以下以恒转矩模式工作，在额定转速以上以恒功率模式工作，同时也有很强的过载能力，能够满足车辆在上坡、加速等工况下的动力性要求。

机械传动装置由变速器、主减速器、差速器、半轴等组成，将驱动电机输出的转矩传递到车轮。

5.1.2 动力传动系统的基本方案

纯电动汽车动力传动系统结构布置各种各样，概括为电机中央驱动和电动轮驱动两种形式。电机中央驱动形式借助了内燃机汽车的驱动方案，将内燃机换成驱动电机及相关器件，与电机中央驱动形式相比，电动轮驱动形式更加直接，装置体积小，效率显著提高，但控制系统复杂。

图 5-2(a) 所示为电机中央驱动形式，它直接借助了内燃机汽车驱动方案，由发动机前置前驱发展而来，主要包括驱动电机、离合器、变速器和差速器。电驱动装置代替了内燃机，通过离合器将电机动力与驱动轮进行连接或切断，对驱动电机的功能需求变低了，变速器提供不同的速比以变更转速，使功率（转矩）曲线匹配载荷的需要，差速器实现转弯时两车轮不同速度的行驶。

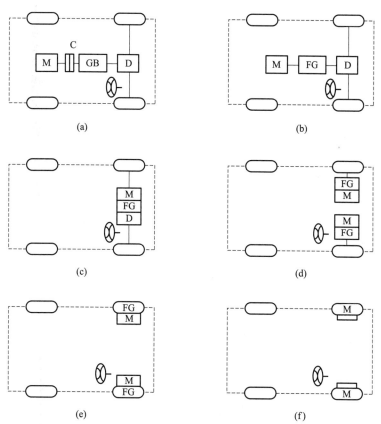

图 5-2 纯电动汽车驱动系统布置形式
M—驱动电机；C—离合器；GB—变速器；D—差速器；FG—固定速比减速器

图 5-2(b) 所示为第二种电机中央驱动形式，包括驱动电机、固定速比减速器和差速器等。在这种系统中，利用驱动电机在大范围转速变化中具有恒功率的特性，采用固定速比减速器，由于没有离合器和变速器，因此可以减少机械传动装置的体积和重量。

图 5-2(c) 所示为第三种电机中央驱动形式，它与前轮驱动、横向前置发动机的燃油汽车的布置形式相似，将驱动电机、固定速比减速器和差速器集成一体，两根半轴连接两个驱动轮。这种布置形式在小型电动汽车上应用最普遍。

图 5-2(d) 所示为双电机电动轮驱动形式，机械差速器被两个牵引电机所取代，驱动车辆靠两个驱动电机分别连接固定速比减速器驱动各自的车轮，转弯时通过电子差速器控制车轮以不同的速度行驶，省掉了机械差速器。

图 5-2(e) 所示为轮毂电机驱动形式，轮毂电机和固定速比的行星轮减速器安装在车轮里面，没有传动轴和差速器，从而简化了传动系统。但是这种方式需要两个或四个电机，其控制系统也比较复杂。

图 5-2(f) 所示为另一种轮毂电机驱动形式，它舍弃了电机与驱动轮之间的机械传动装置，采用低速外转子电机直接驱动车轮，电机转速控制等价于轮速控制，要求电机在加速、启动时具有高转矩特性。

5.1.3　动力传动系统的方案选择

在动力传动系统优化升级的背景下，为了适应现在人们对于纯电动汽车续驶里程和经济性的要求，实现第二种电机中央驱动形式（即电机、固定速比减速器和差速器相连的驱动形式）的车辆在一个挡位上完成从起步到最高车速的行驶，将对驱动电机有很高的要求。为了追求车辆性能而配备的高转速电机功耗较大、效率较低，对纯电动汽车的续驶里程影响较大，并且固定速比减速器的大齿数比，造成车辆续驶状态也处于较高的转速临界点，经济性不高。所以要对动力传动系统进行优化升级。

综合分析几种动力传动系统，双电机电动轮驱动形式与轮毂电机驱动形式具有很大的局限性：电机在车轮上在制动或爬坡工况下会导致电机过热，引起电机材料退磁；轮毂电机会大幅度增加簧下质量，影响汽车操控性；多电机控制配合，耐久性差，产业化条件不足等。借鉴第三种电机中央驱动形式，由于驱动电机与减速器集成驱动有不利的方面，所以选择用变速器代替固定速比减速器来增加电机效率利用率，降低能耗，提高经济性。同时去掉离合器，驱动电机直接启动车辆，通过对驱动电机控制进行挡位的转换，由于电机转子与变速器输入轴相连，需要对同步器接合情况进行分析。

电机-变速器-差速器的动力传动系统结构如图 5-3 所示，电机与变速器连在一起，变速器总成同时与差速器总成连接，差速器连接输出半轴，将动力传至左右驱动轮上，变速器的挡位变换通过同步换挡器实现。

变速器结构如图 5-4 所示，采用了平行轴式结构，取消了离合器。

动力传递路线如图 5-5 所示，箭头示出了驱动力输出路线走向，驱动电

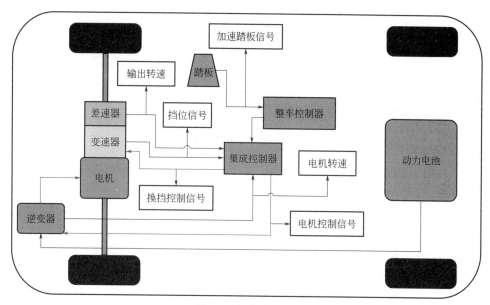

图 5-3 整车布置方案

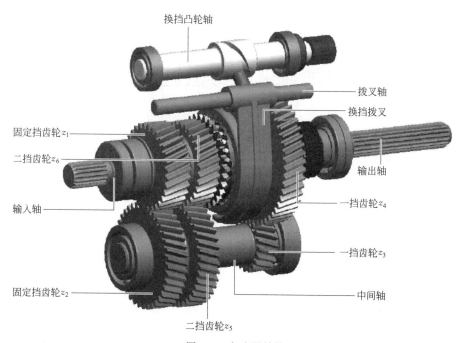

图 5-4 变速器结构

机输出动力至 AMT 输入轴,经固定挡齿轮 z_1、z_2 减速传递到中间轴,传动比为 i_{12},中间轴经由一挡齿轮 z_3、z_4 经接合套传递至同步器,同步器通过花键传递动力到输出轴,传动比为 i_{11}(或者经二挡齿轮 z_5、z_6 传递,传动比为 i_{22}),最后由输出轴到达主减速器,经减速增矩后,由差速器传至车轮。

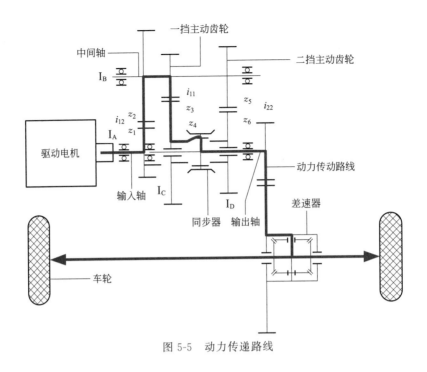

图 5-5　动力传递路线

5.2　驱动电机与变速器参数匹配

5.2.1　纯电动汽车设计要求

由全国汽车标准化技术委员会提出的纯电动乘用车技术条件见表 5-1。

表 5-1　纯电动乘用车技术条件

分类	性能指标	技术要求
动力性	最高车速	≥85km/h
	30min 最高车速	≥65km/h
	0～50km/h 加速时间	≤10s
	50～80km/h 加速时间	≤15s
	最大爬坡度	≥20%
	4%坡度车速	≥70km/h
	12%坡度车速	≥40km/h
经济性	续驶里程	≥100km

在国家规定的纯电动汽车技术条件的基础上，在一些性能指标上提出了更高的设计要求，在动力性能要求上，车辆最高车速为130km/h，通过20%的坡度的最高稳定车速为30km/h，小于6s的0～50km/h加速时间；在经济性能要求上，续驶里程增加为200km。

5.2.2 电机参数匹配

电机参数匹配包括选择电机类型，设计峰值功率、额定功率、峰值转矩、额定转矩、峰值转速、额定转速。

(1) 电机类型的选择

目前，纯电动汽车上搭载的电机主要有四种：直流电机（DCM）、交流异步电机（IM）、永磁同步电机（PMSM）、开关磁阻电机（SRM）。表5-2分别对四种电机性能进行了比较。

表 5-2 电机性能对比

电机类型	DCM	IM	PWSM	SRM
功率密度	较低	中等	最高	较高
转速范围/(r/min)	4000~6000	12000~20000	4000~10000	>15000
电机损耗	小	大	最小	一般
可靠性	一般	最好	较好	最好
成本	较高	较高	较低	一般
控制器成本	高	高	一般	一般

从表5-2中可以看出，永磁同步电机与其他电机相比，具有功率密度高、电机损耗小、可靠性高、成本低等优点，适合作为电动汽车的动力源。

(2) 电机功率的确定

电机功率分为额定功率和峰值功率。额定功率是电机的稳定输出功率，峰值功率相当于电机的爆发力，可以瞬间产生很大转矩，但是持续时间有限。驱动电机功率越大，动力性能越好，但是会增加电机的体积与重量，还会降低电机在高效率区工作概率，降低车辆经济性，而且纯电动汽车的能量源是电池，所以电机功率也会影响到电池组的大小，这就意味着电机功率越大，电池组的放电功率越大，电池组体积和重量越大，所以一般要求电机的额定功率满足最大速度和最大爬坡度的要求且不超过太多即可。

额定功率大于最高车速对应的功率，如式(5-1)所示。

$$P_{\max}=\frac{1}{\eta_\mathrm{T}}\left(\frac{Mgf_\mathrm{r}}{3600}v_{\max}+\frac{C_\mathrm{d}A}{76140}v_{\max}^3\right) \tag{5-1}$$

式中，$v_{\max}$为设计最高车速，km/h；C_d为空气阻力系数；f_r为滚动阻力系数，取$f_\mathrm{r}=0.0076+0.000056u_\mathrm{a}$，$A$为迎风面积，$\mathrm{m}^2$；$u_\mathrm{a}$为车轮中心水平移动速度，km/h；$\eta_\mathrm{T}$为传动系统效率。

最大爬坡度对应的功率如式(5-2)所示。

$$P_{\max2}=\frac{1}{\eta_\mathrm{T}}\left(\frac{Mgf_\mathrm{r}\cos\gamma_{\max}}{3600}v_\gamma+\frac{Mg\sin\gamma_{\max}}{3600}v_\gamma+\frac{C_\mathrm{d}A}{76140}v_\gamma^3\right) \tag{5-2}$$

式中，γ_{max} 为设计最大爬坡度；v_γ 为通过最大爬坡度时最低车速，km/h。

峰值功率持续时间短，大多只在超车或者急加速时用到，在这种情况下，汽车需要的是短时间内电机输出较大的功率，峰值功率根据电机的过载系数确定，如式(5-3)所示。

$$P_{peak} = \lambda P_{rate} \tag{5-3}$$

式中，λ 为电机过载系数。

(3) 电机转速的设定

电机的转速越高，其成本越高，而且和电机转速正相关的旋转件的性能要求也越高。对电机而言，当转速高于 10000r/min 时，配套的制造工艺和轴承难度加大，这就对电机的最高转速提出了限制。车速由电机转速和变速器速比的耦合关系决定，这对电机基速和最高转速提出了限制。

扩大恒功率区系数 β 是电机最高转速和基速的比值，电机在恒转矩区域输出的转矩和 β 正相关，β 大能够提高汽车的加速性能和爬坡性能，但是 β 过大会导致基速偏小，汽车行驶过程中电机工作在基速附近的概率变小，从而导致电机效率偏低，电机扩大恒功率区系数一般取 2~4。

电机在额定转速附近效率最高，所以在设计参数时，根据所设计车型的定位，选择合理的电机额定转速，让遇到最多最频繁的工况都工作在额定转速附近。同时电机的最高转速和变速器速比的乘积限制了汽车的最高车速，所以电机的最高转速应满足最高车速的要求，匹配公式为

$$\begin{cases} n_{max} > \dfrac{v_{max} i_{max} i_o}{0.377 \times r} \\ n_b \geqslant \dfrac{v_b i_{max} i_o}{0.377 \times r} \\ \dfrac{n_{max}}{n_b} \approx 3 \end{cases} \tag{5-4}$$

式中，r 为车轮半径，m；n_{max} 为电机最高转速，r/min；n_b 为电机基速，r/min，v_b 为一般工况下较频繁的行驶速度，km/h；i_{max} 为变速器最大速比；i_o 为主减速器速比。

(4) 电机转矩的验算

汽车设计的最大爬坡度是指所设计汽车能够长时间稳定行驶的工况，所以电机额定转矩和变速器速比的耦合要满足汽车爬坡的要求，即通过电机输出的额定转矩，经过变速器可以在一定坡度上稳定地行驶，匹配公式为

$$T_{rate} \geqslant \frac{1}{\eta_T} \times \frac{(Mgf_r\cos\gamma_{max} + Mg\sin\gamma_{max})r}{i_1 i_o} \tag{5-5}$$

式中，T_{rate} 为电机额定转矩，N·m。

汽车的起步加速和超车都是一个时间很短的过程，电机可能会在某些工况下输出峰值转矩，所以电机的峰值转矩要满足加速性能的设计要求。过载系数是峰值转矩和额定转矩的比值，一般取 1.5~4，公式为

$$\lambda = \frac{T_{\text{peak}}}{T_{\text{rate}}} \tag{5-6}$$

式中，T_{peak} 为电机峰值转矩，N·m。

峰值转速和峰值转矩要结合挡位速比，所以先由功率要求选定一个较合适的电机。

电机功率特性和转矩特性如图 5-6 所示。

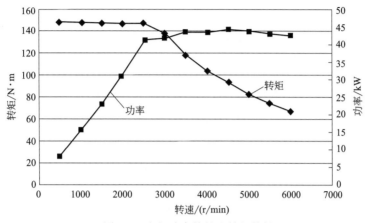

图 5-6 电机功率特性和转矩特性

电机输出特性：电机转速处于恒转矩区，可以输出恒定转矩；之后进入恒功率区，输出额定功率，满足最高车速和最大爬坡度的要求。

5.2.3 变速器参数匹配

传统汽车中，发动机的高效区主要集中在转速 1800～2500r/min 的区域，同时发动机有低速、低转矩的缺陷，所以传统汽车中安装变速器主要是为了让发动机尽可能工作在高效区，并且在低速爬坡时用低挡位增加转矩。和传统汽车类似，电动汽车安装变速器是为了让电机尽可能工作在高效区，同时能够在高速行驶时，降低对电机转速的要求。

(1) 变速器挡位数的匹配

变速器的挡位数和电机特性以及速比有关，同时还要考虑硬件和控制策略的复杂程度。挡位数要保证两点：一是保证驱动电机在其基速以上的调速范围足够宽；二是保证相邻挡位的恒功率区能够衔接。

从图 5-7 可以看出，对于中低速电机驱动，由于电机在基速以上的调速区域窄，即使已经在最高挡位，电机转速在行驶阻力和驱动力平衡之前就已经达到极限，这种情况会造成汽车最高车速偏低，而且在高速时电机功率只能使用其中一部分，造成浪费，此时应如图 5-8 所示，增加一个速比更小的挡位，在高速行驶时，挂入速比更小的挡位，可以输出到轮端更高的转速，从而更好地利用电机功率。

从图 5-9 可以看出，一挡和二挡的恒功率区无法衔接，在一挡升二挡的过

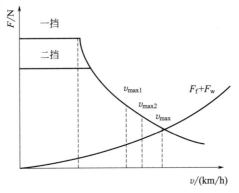

图 5-7　最高挡位速比偏大时驱动力与阻力平衡图

v_{max1}——一挡时最高车速；v_{max2}——二挡时最高车速；v_{max}——当驱动力和行驶阻力平衡时的车速；F_f—滚动阻力；F_w—空气阻力

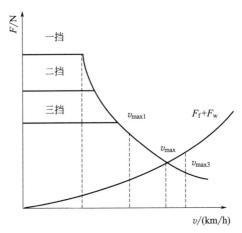

图 5-8　增加更大速比时驱动力与阻力平衡图

v_{max1}——一挡时最高车速；v_{max3}——三挡时最高车速；v_{max}——当驱动力和行驶阻力平衡时的车速；F_f—滚动阻力；F_w—空气阻力

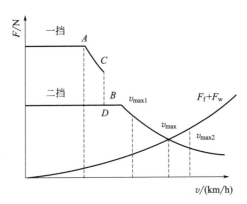

图 5-9　相邻挡位速比差值过大时驱动力与阻力平衡图

v_{max1}——一挡时最高车速；v_{max2}——二挡时最高车速；v_{max}——当驱动力和行驶阻力平衡时的车速；F_f—滚动阻力；F_w—空气阻力

程中，电机的工况从 C 点到 D 点，然后由 D 点到 B 点，而从 C 点到 D 点会有一个转矩突变的过程，转矩突然变化值较大时，会导致变速器输入轴和电机输出轴的扭转，而且这种突变经过变速器和主减速器，会放大传递到轮端，这样会产生一种很明显的顿挫感，造成较差的驾驶体验。此时应如图 5-10 所示，增加一个速比介于一挡和二挡之间的挡位，使挡位之间的恒功率区可以衔接起来，在换挡过程中，转矩可以平顺地变化。

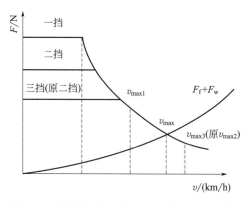

图 5-10　增加中间速比时驱动力与阻力平衡图

v_{max1}——一挡时最高车速；v_{max2}——二挡时最高车速；v_{max3}——三挡时最高车速；v_{max}——当驱动力和行驶阻力平衡时的车速；F_f——滚动阻力；F_w——空气阻力

电机具有可以反转的特性，可以在变速器的机械结构上取消倒挡齿轮组，在换挡面板上保留倒挡，倒挡的控制过程直接通过控制策略实现。传统的机械式自动变速器在倒挡齿轮之间没有同步器，所以会在挂入倒挡时产生冲击，而在纯电动汽车的变速器中，倒挡和前进挡公用齿轮组，所以会获得较好的驾驶体验。

变速器挡位数量越多，变速器的硬件结构越复杂，相应的控制策略也越复杂，这也会增加变速器开发的成本、周期和开发难度，所以需要综合考虑电机各项性能参数，设计合适的变速器挡位。匹配的电机为中高速电机。根据以上原则，最终确定为两个挡位。

(2) 变速器挡位速比的确定

① 尺寸对速比的影响。电动汽车相较于传统汽车，具有结构简单，动力总成体积小，集成度高的优点。因此，希望所设计的动力总成尺寸尽可能小。尺寸对速比的影响，主要体现在中心距上。中心距较大时，每个挡位间齿轮的速比会有较大的选择，但是会增加尺寸和重量，影响经济性。中心距较小时，挡位速比的选择比较有局限性，挡位速比过大时或者过小时，会有一个齿轮的尺寸较小，齿轮的接触应力大，导致齿轮寿命短，影响可靠性。

一般中心距由经验公式推算，如式 (5-7) 所示。

$$a = K_a \sqrt[3]{T_{max} i_{max} \eta_g} \tag{5-7}$$

式中，a 为齿轮中心距，mm；K_a 为中心距系数，η_g 为两齿轮的传动效率。

确定中心距后，两齿轮的速比 i_g 满足的关系为

$$\begin{cases} r_1 + r_2 = a \\ i_g = \dfrac{r_2}{r_1} \end{cases} \quad (5\text{-}8)$$

式中，r_1 为当前挡位下主动齿轮的半径，mm；r_2 为当前挡位下从动齿轮的半径，mm。

② 换挡冲击度的影响。车辆在换挡过程中，经过电机卸载转矩-摘挡-调节转速-挂挡-转矩恢复的过程，在调节转速的过程中，电机控制器发出转速和转矩指令，控制电机转速和转矩达到目标值，同时，通过拨叉推动接合套，使同步器的锁环与从动齿轮锥面摩擦，加快调速过程，由于取消了离合器，在整个换挡过程电机的输出端和变速器的输入端固连，此时同步器要同步的转动惯量不仅是变速器的输入轴，还要考虑电机的转子，所以需要考虑同步器的磨损。调速完毕后挂挡，挂挡过程中产生阻力矩，此时驾驶员的顿挫感与阻力矩成线性关系，而阻力矩和挡位速比差值是正相关的。

换挡冲击度可以衡量这种顿挫感，即车辆纵向加速度的变化率，通过对传动系统动力学分析可知，在转矩卸载、加载阶段，传动系统有确定的动力学关系。以升挡为例，设整车等效转动惯量为 J，一挡升二挡的过程中，二挡从动齿轮转速高，两挡位从动齿轮转速差为 $\Delta\omega$，此时需要驱动电机调节转速，如式(5-9)所示。

$$\Delta\omega = \omega(i_2 - i_1) \quad (5\text{-}9)$$

式中，ω 为输入轴转速，r/min。

转速调节完毕后，挂入目标挡位，此处由于挂挡时间很短，车速变化小，忽略行驶阻力矩的影响，此时由于目标挡位从动齿轮和接合套的转速不能完全一致，在同步器接合的时会产生阻力矩，引起顿挫感。换挡冲击度 j 的计算式为

$$j = \frac{da(t)}{dt} = \frac{r i_g i_2}{J} \times \frac{d\left(\dfrac{\Delta\omega}{\Delta T}I_i\right)}{dt} = \frac{r i_g i_o}{J} \times \frac{d\left[\dfrac{\omega(i_1 - i_2)}{\Delta T}I_i\right]}{dt} \quad (5\text{-}10)$$

式中，J 为整车转动惯量，$kg \cdot m^2$；i_1 为一挡速比；i_2 为二挡速比；I_i 为同步器输入端转动惯量，$kg \cdot m^2$。

由式(5-10)可以看出，在给定工况下，J 只和两挡位的速比之差有关且为正相关，德国推荐的最大冲击度是 $10m/s^3$，我国推荐的最大冲击度为 $17.64m/s^3$，因此两挡速比之差不宜取得太大。

③ 附着系数对低挡位速比的要求。当整车行驶在附着力良好的路面时，一挡时传递到车轮用于驱动的力要小于地面能够提供的最大附着力，匹配要求如式(5-11)所示。

$$i_1 i_o \leqslant \frac{Mg\mu r}{T_{\text{rate}}} \quad (5\text{-}11)$$

式中，μ 为附着系数。代入参数得一挡速比和主减速器速比。

④ 整车性能对速比的要求。整车经济性要求电机尽可能工作在高效区。车速较低时，挂入低挡位，以大速比工作，提高电机输出转速，快速进入高效区。车速较高时，以小速比工作，降低电机输出转速，增加电机输出转矩。

整车动力性受变速器和电机的共同作用。最高挡的速比要满足最高车速的要求，匹配要求如式(5-12)所示。

$$i_2 i_o \leqslant \frac{0.377 r n_{\max}}{v_{\max}} \quad (5\text{-}12)$$

代入参数得二挡速比和主减速器速比，且取值越小，在高速时电机的转速越低，可以增加电机工作在高效区的概率。

低挡位的速比能满足加速性能的要求，计算式为

$$\int_0^t \eta_T \left(\frac{T_{\text{peak}} i_g i_o}{r} - Mgf - \frac{C_d A}{21.15} v^2 \right) dt \geqslant 13.89 \quad (5\text{-}13)$$

式中，t 为加速时间，s。

低挡位的速比能满足最大爬坡度的要求，计算式为

$$i_1 i_o \geqslant \frac{\frac{1}{\eta_T}(Mgf_r \cos\alpha_{\max} + Mg\sin\alpha_{\max})r}{T_{\text{peak}}} \quad (5\text{-}14)$$

5.3 电驱动桥的匹配实例

依据工程车辆的工作特性，以 3t 电动工程车辆为例，选择行走驱动电机额定功率为 19kW（设计功率可达 50kW，电机电压可选低压 48V 和高压 380V），额定转速为 2300r/min。设计工程车辆电驱动桥的桥荷承载能力为 81kN，桥速比为 26.6（通常速比可在 12.2~28 之间调整），制动转矩为 6000N·m，行车制动油压为 5MPa，机械驻车制动。电动工程车辆高集成电驱动桥外形如图 5-11 所示。其中间部分为电机模块，两侧为制动和传动模块。左右两侧传动模块根据设计要求，可以选择对称结构，也可以设计完全不同的结构，即一侧为减速装置，另一侧为差速器，此时电机轴为空心轴。

电动工程车辆的驱动电机、减速传动装置和轮毂之间的结构布置关系有两种基本结构。

双行星分流式差速电驱动桥结构如图 5-12 所示。驱动电机两端连接多片式制动器，多片式制动器与差速行星减速装置连接。差速行星减速装置包括太阳轮、双联行星轮、齿圈以及行星架。双联行星轮分别与齿圈和太阳轮啮合，太阳轮通过卡簧式花键套与制动器的输出端相连，行星架上有三个等间距环形分布的双联行星轮，差速行星减速装置的输出端为行星架。

传统通用差速器差速电驱动桥结构如图 5-13 所示。电机具有定子和转子，转子连接电机的驱动输出端，驱动电机的输出轴与差速器连接，差速器的两端

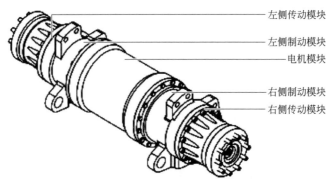

图 5-11 电动工程车辆高集成电驱动桥外形

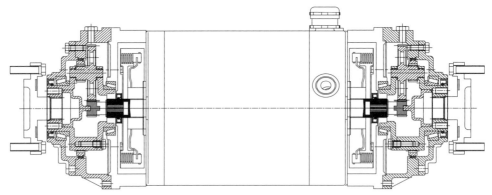

图 5-12 双行星分流式差速电驱动桥结构

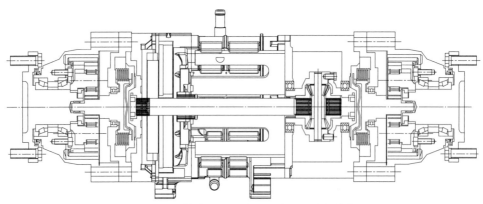

图 5-13 传统通用差速器差速电驱动桥结构

半轴连接多片式制动器,多片式制动器与减速装置连接,减速装置将动力输出至车轮。电机的输出轴为空心轴结构,差速器的左侧输出半轴需要穿过电机空心轴至左侧的多片式制动器。

5.3.1 电动工程车辆电驱动桥匹配

(1) 驱动电机功率

驱动电机的功率由纯电动汽车的动力性目标所决定,包括最高车速、加速性能和爬坡能力，一般分为最大功率与额定功率。纯电动汽车正常行驶时工作在额定功率区域内，在爬坡加速等工况下，就需要对最大功率有所要求。功率过大，会减少驱动电机在高效区工作的时间，同时会增大电机和动力电池的体积与重量。功率过小，就会增加在过载区的工作时间，影响电机寿命。

由最高车速 $v_{\max}$ 计算的额定功率 P_e 的最小值为

$$P_{\text{emin}} = \frac{v_{\max}}{3600\eta_T} Mgf_r \tag{5-15}$$

由最大爬坡度 $\alpha_{\max}$ 计算的最大功率 $P_{\max 1}$ 为

$$P_{\max 1} = \frac{v_a}{3600\eta_T}(Mgf_r\cos\alpha_{\max} + Mg\sin\alpha_{\max}) \tag{5-16}$$

式中，v_a 为车辆通过 20% 坡度的最高稳定车速。$\alpha_{\max} = \arctan 0.2$。

由加速能力计算的最大功率 $P_{\max 2}$ 为

$$P_{\max 2} = \frac{v_i}{3600 t_i \eta_T}\left(\delta M \frac{v_i}{2\sqrt{t_i}} + Mgf_r\frac{t_i}{1.5}\right) \tag{5-17}$$

式中，v_i 为加速过程结束时的车速；t_i 为加速过程所用时间。δ 取 1.04。

由设计要求可知电机的最大功率应为

$$P_{\max} \geqslant \max\{P_{\text{emin}}, P_{\max 1}, P_{\max 2}\} \tag{5-18}$$

一般在加速或爬坡工况下才会使用驱动电机的最大功率，而正常行驶只需用到驱动电机的额定功率。额定功率一般根据驱动电机过载系数 λ（$\lambda = 1.5 \sim 4$）来确定，λ 是最大功率与额定功率的比值。

$$P_{\max} = \lambda P_e \tag{5-19}$$

(2) 驱动电机转速

驱动电机的最大转速与变速器的最小速比可以确定电动汽车的最高车速，根据最高车速的设计目标对驱动电机的最大转速 $n_{\max}$ 进行约束。

$$n_{\max} = \frac{v_{\max} i_n}{0.377 r} \tag{5-20}$$

式中，i_n 为变速器传动比；r 为滚动半径。

根据长时间平稳行驶的车速 v_b 来对驱动电机的额定转速 n_e 进行约束。

$$n_e = \frac{v_b i_n}{0.377 r} \tag{5-21}$$

式中，v_b 为稳定车速。

驱动电机的转速比即最高转速与基速之比，称为扩大恒功率区系数，可以根据扩大恒功率区系数来对驱动电机最大转速与额定转速进行相应的限制。扩大恒功率区系数越大，电机在额定转速下输出的转矩就会越大，可以提高车辆动力性,但会导致驱动电机工作效率偏低,工作电流偏大。

图 5-14 所示为选择的驱动电机的外特性。

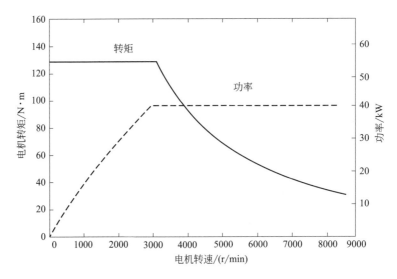

图 5-14 选择的驱动电机的外特性

(3) 传动比的选择

传动比应满足最大爬坡度的限制,如式(5-22)及式(5-23)所示。

$$F_{tmax} \geqslant Mgf_r\cos\alpha_{max} + Mg\sin\alpha_{max} \tag{5-22}$$

式(5-22)可简化为

$$i_n \geqslant \frac{r}{T_{max}\eta_T}(Mgf_r\cos\alpha_{max} + Mg\sin\alpha_{max}) \tag{5-23}$$

传动比应满足以最大坡度爬坡时的稳定车速的限制,如式(5-24)所示。

$$i_n \leqslant \frac{0.377rn_{max}}{v_a} \tag{5-24}$$

传动比还应满足地面附着系数的限制,如式(5-25)所示。

$$i_n \leqslant \frac{r\mu Mg\cos\alpha}{T_{max}\eta_T} \tag{5-25}$$

式中,μ 为地面附着系数,取 0.75;α 为起步或加速时的坡角,一般取 0°。

5.3.2 电驱动桥传动分析

对应图 5-12 和图 5-13 的传动简图分别如图 5-15(a)和图 5-15(b)所示。传动机构太阳轮作为输入端,行星架作为输出端,通过对制动器的制动来中断行星轮系的动力输入,从而完成工程车辆的制动与驻停。

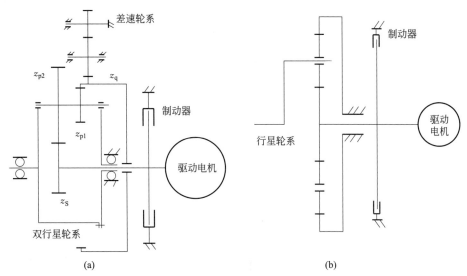

图 5-15 轮边减速器传动示意

第6章

动力传动系统仿真

6.1 系统模型的建立
6.2 仿真分析

纯电动汽车动力总成成本较高，包括造价成本和试验成本。出于对成本的控制，需要在试验前对整个系统进行验证，包括设计指标的验证和控制策略效果的验证，从而保证动力总成设计和控制策略效果满足要求。本章采用所设计的动力总成参数，用 MATLAB/Simulink 建立模型，输入为 NEDC 循环和驾驶员意图（其中 NEDC 循环通过查表方式输入，驾驶员意图是基于工况速度换算得到的），对整车设计指标和电驱动系统控制策略及控制功能进行离线仿真与验证。

6.1 系统模型的建立

根据输入信号的不同以及信号传递的方向，纯电动汽车动力系统的仿真分为两类，即后向仿真和前向仿真，两种仿真方法各有其特点和优势。

后向仿真框图如图 6-1 所示。以选定工况的实际车速作为系统的输入，通过车速反推变速器输出端的转矩和转速，然后将模拟得到的转矩和转速再作为动力系统的输入，输出为速度曲线。由于电机的转矩和转速能力有限，当加速度太大时，输出转矩不够，输出的车速较输入会表现出加速较慢的效果，当车速太大时，电机转速达到极限后，输出车速不变。这种仿真方法较为死板，一般会在开发初期用于整车性能的仿真分析，对所开发的纯电动汽车动力系统硬件和控制策略进行初步的测试和评估。

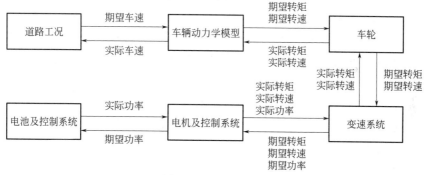

图 6-1 后向仿真框图

前向仿真框图如图 6-2 所示。前向仿真以驾驶员对加速踏板和制动踏板的控制作为输入，在系统中将加速踏板位置和制动踏板位置对应一个转矩，将电

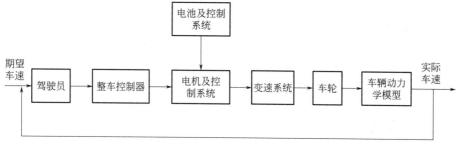

图 6-2 前向仿真框图

机输出转矩传递到变速器系统，传递到主减速器，然后输出驱动车轮。由于加速踏板位置和电机输出有固定的关系，前向仿真中不会出现后向仿真中转矩失效的情况。由于是将驾驶员意图作为输入，输出为车速，所以输出的车速是根据驾驶员输入变化的，这就使整个系统非常灵活，可以仿真在复杂的驾驶员输入情况下，变速器的运行情况和输出车速，对测试控制策略的合理程度十分方便。

整个模型中需要对整车经济性、动力性、柔性换挡进行验证，确定是否能够达到性能指标。在仿真经济性时，主要的指标是续驶里程。在制动时，纯电动汽车有能量回收的优势，这需要考虑机械制动和电机制动的配合，在此只考虑动力传动系统，对制动系统不进行过多研究。目前尚未有针对纯电动汽车续驶里程的工况，所以在仿真续驶里程时，采用后向仿真，将NEDC循环作为输入，输出为车速和续驶里程。在仿真动力性时，采用前向仿真，将驾驶员意图作为输入，输出为车速。在仿真柔性换挡时，采用前向仿真，将驾驶员意图、车速和坡度作为输入，输出为换挡次数和车速。

6.1.1 驾驶员模型

驾驶员模型作为前向仿真的输入，用于验证动力性能和柔性换挡的效果，驾驶员模型的作用就是给出驾驶员对加速踏板和制动踏板的控制信号。在实际的工况中，驾驶员的驾驶意图受多种因素影响，具有随机性，这里是基于传动系统的性能，所以只考虑汽车纵向的因素。在开车时，驾驶员心里会有一个预期速度，驾驶员对加速踏板的控制都是基于速度考虑的，例如通过踩下加速踏板加大油门开度，增加转矩输出，直到驱动力和阻力平衡，车速保持稳定，当驾驶员不再改变油门开度时，表明已达到驾驶员的理想车速。所以加速踏板的位置变化实际上就是某个车速下汽车所需的驱动力，由于油门开度是和输出转矩有对应关系的，所以可查表得到，以某个速度循环行驶所需的驱动力为依据，查表得到所需驱动力对应的油门开度作为输入。驾驶员模型如图6-3所示。

6.1.2 循环工况输入模型

循环工况输入模型用于后向仿真，用来验证模型的经济性。根据国家标准，选用欧洲标准NEDC循环工况对整车经济性能进行仿真验证。在MATLAB/Simulink中根据车速与时间的对应关系制作表格。循环工况输入模型如图6-4所示。在模型中通过查表输出目标车速，如图6-5所示。

6.1.3 电机模型

电机模型的输入为需求转矩和电池电压，输出为电机实际输出转矩、电机

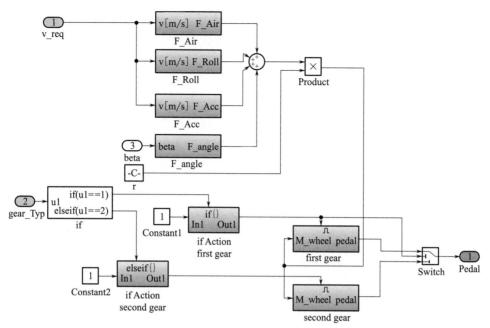

图 6-3 驾驶员模型

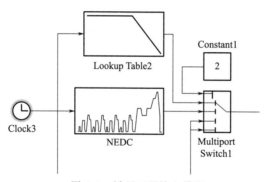

图 6-4 循环工况输入模型

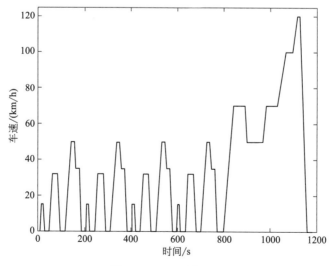

图 6-5 NEDC 循环工况

实际功率、电机实际转速、电机实际电流。在仿真数据流中，输入需求转矩，判断需求转矩的正负，然后再判断需求转矩和电机实际输出转矩能力查表对比，取两者中较小值，然后检查电机目前转速是否超过电机限速，需求车速是否为零，当检查无误后，输出实际转矩，输出转矩通过 Simulink 中的转动惯量模块，得到电机实际转速，电机转子转动惯量由供应商提供，然后实际转速和最高转速对比，检查确保电机运行正常。将得到的电机实际转速、电机实际转矩、电池电压输入电机电流子模块，通过电机实际转速和转矩的关系查表得到电机的效率和损失的效率；计算得到电机运行过程中的总功率，根据电机实际运行的功率和电机输入电压得到电机的实际电流。

① 电机的请求转速不能大于电机的最高转速限值，计算如式（6-1）所示。

$$n_{req} = \min(n, n_{max}) \tag{6-1}$$

式中，n_{req} 为电机实际输出的请求转速，r/min；n 为输入的请求转速，r/min；n_{max} 为转速限值，r/min。

② 电机的请求转矩不能超过电机的峰值转矩限值，计算如式（6-2）所示。

$$T_{req} = \min(T, T_{max}) \tag{6-2}$$

式中，T_{req} 为电机实际输出的请求转矩，N·m；T 为输入的请求转速转矩，N·m；T_{max} 为转矩限值，N·m。

③ 电机的请求功率不能大于电池的输出功率限值，计算如式（6-3）所示。

$$P_{req} = \min(P, P_{max}) \tag{6-3}$$

式中，P_{req} 为电机实际输出的请求功率，kW；P 为输入的请求功率，kW；P_{max} 为功率限值，kW。

6.1.4 电池模型

电池模型的输入有两个，分别是逆变器输出的电流请求和初始 SOC 值（电池剩余容量与总容量的比值为电池 SOC 值），输出为电池的放电电压、放电功率和实时 SOC 值，整个模型需要根据 SOC 值计算电动汽车的续驶里程。在仿真过程中，需要考虑充放电内阻的变化，SOC 对放电电压的影响。在模型中，内阻和放电电压随 SOC 变化，对应关系通过查表得到。电池模型如图 6-6 所示。

由于放电过程中有能量损失，需要在放电运算中考虑电池充电效率。在 NEDC 循环工况下，对电流求积分得到消耗的电量。最后将电池放电的电量除以整个电池容量，得到消耗的 SOC 值，原有的 SOC 值减去消耗的 SOC 值就得到实时的 SOC 值。实时 SOC 值的计算公式为

$$SOC = SOC_{start} - \frac{\int_0^t I \, dt}{Q} \times 100\% \tag{6-4}$$

式中，SOC_{start} 为电池荷电状态初始值；I 为电流值，A；Q 为电池容量，A·s。

SOC 计算模型如图 6-7 所示。

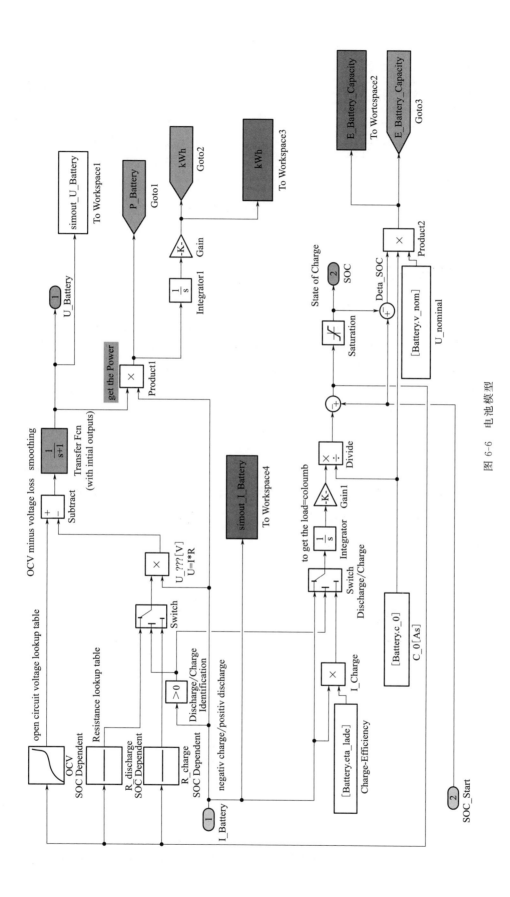

图 6-6 电池模型

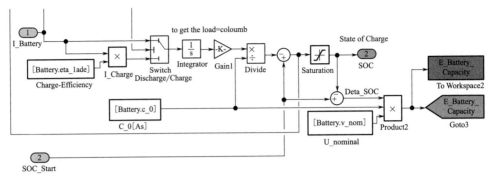

图 6-7 SOC 计算模型

6.1.5 逆变器模型

逆变器模型的输入是电机模型的电流请求和电压请求，输出为逆变器的电流请求和逆变器实时的消耗功率。逆变器的作用是将直流电（DC）转化为交流电（AC），将电池输出的高压直流电转换为三相电以驱动电机。由于建模时只需要考虑到逆变器的效率问题，忽略了其硬件结构，所以在建模时，不考虑从 DC/DC 分流出去用于娱乐设施的电流。将逆变器本身消耗的功率作为能量损耗，通过查表得到。计算公式为

$$I_B = I_{EM} + \frac{P_A}{\eta_A U_B} \tag{6-5}$$

式中，I_B 为电池放电总电流，A；I_{EM} 为电机所需电流，A；P_A 为辅助用电设施总功率，W；η_A 为 DC/DC 转换器转换效率；U_B 为电池放电电压，V。

逆变器模型如图 6-8 所示。

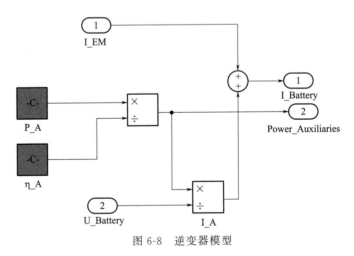

图 6-8 逆变器模型

6.1.6 变速器模型

变速器模型的输入为电机模型输出端的转矩、变速器实时挡位和速比，输

出为变速器输出轴的实时转矩、实时转速、实时功率和变速器机械损耗的实时功率。变速器内部十分复杂，需要进行十分复杂的公式推导才能得到变速器输出端随输入端的变化，基于公式建立数学模型，经过模型的计算，可以得到想要的输出。推导精确模型很困难，而且在仿真过程中由于元件参数的变化，需要对公式重新修正，这将大大增加建模的工作量，因此在整个动力系统中转矩、转速的传递都是通过物理建模的方式完成的，即在 Simscape 中找到各硬件的物理量对应的各种物理元件，将这些模块根据实际物理模型的拓扑结构连接。这种模型中，当输入转矩后，系统不仅可以向后端传递转矩，还可以计算变速器内部各齿轮和轴等零件的转动惯量，当零件参数有所改变时，物理模型也随着改动，只需要基于现有的模型增删修改即可，不必重新推导方程，大大减少了建模的工作量，并提高了模型的可靠性。

变速器内部模型如图 6-9 所示。

变速器内部转矩传递模型如图 6-10 所示。

变速器机械损失通过查表方式得到，模型如图 6-11 所示。

6.1.7 整车动力学模型

整车动力学模型的输入为变速器输出端的输出转矩和根据中央控制器发出的制动转矩，输出为整车实际车速和用于驱动车辆的功率。

在建立整车动力学模型时，对模型进行如下假设：整个仿真过程中，只考虑 X 轴的汽车动力学特性，不考虑 Y 轴和 Z 轴的动力学特性；忽略在汽车行驶时，换挡和转矩使传动轴发生扭转以及连接部件之间冲击造成的影响；忽略车轮和地面相对滑动造成的影响。

基于假设的动力传递路线如图 6-12 所示。

电动汽车的驱动力计算公式为

$$F_t = \frac{T_m i_g i_o \eta_T}{r} \tag{6-6}$$

式中，F_t 为整车驱动力，N；T_m 为电机输出转矩，N·m；r 为车轮半径，m；η_T 为机械传动效率。

电动汽车的行驶阻力计算公式为

$$F_r = F_i + F_f + F_w + F_j = Mg\sin\alpha + Mgf\cos\alpha + \frac{C_d A v_a^2}{21.25} + \delta m \frac{dv_a}{dt} \tag{6-7}$$

式中，F_r 为汽车行驶阻力，N；F_i 为坡道阻力，N；F_f 为滚动阻力，N；F_w 为空气阻力，N；F_j 为加速阻力，N。

在后向仿真时，输入为 NEDC 循环，在循环里有车速下降的过程，所以需要考虑车辆的制动转矩，当需求功率小于电机的功率且汽车实际车速大于零时，默认进入制动过程，制动转矩介入，由于在模型中模块直接是通过物理连接，可将制动转矩直接输出，计算公式为

$$M_{brake} = \frac{P_{req} - P_{em}}{r} \tag{6-8}$$

式中，P_{req} 为实时需求功率，W；P_{em} 为实时电机功率，W。

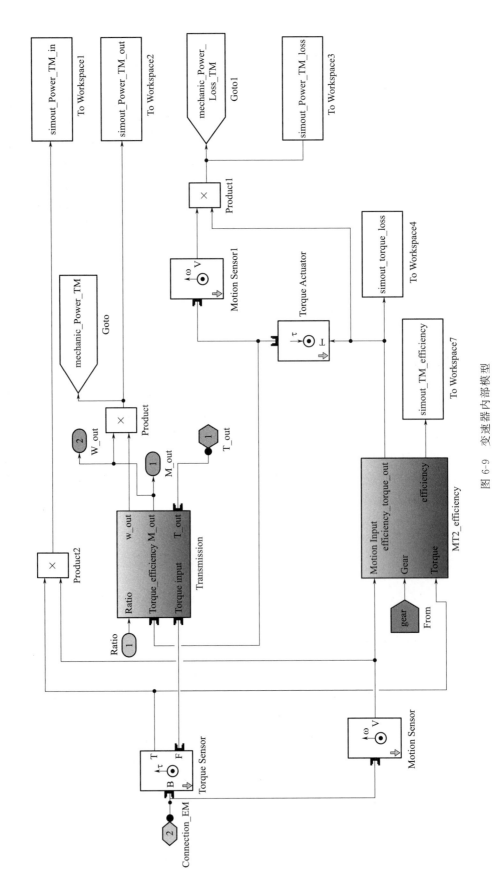

图 6-9 变速器内部模型

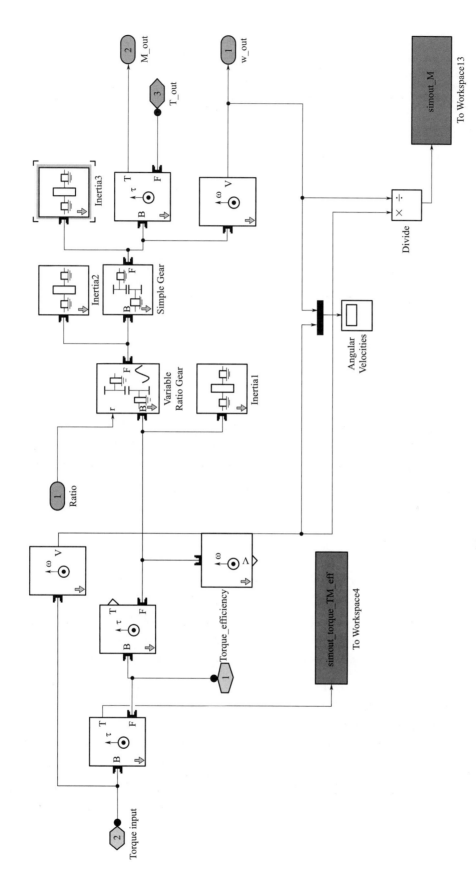

图 6-10 变速器内部转矩传递模型

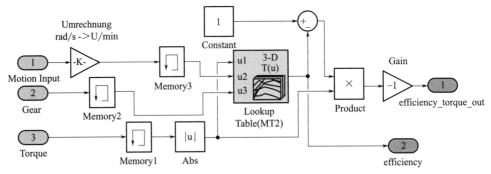

图 6-11 变速器机械损失查表模型

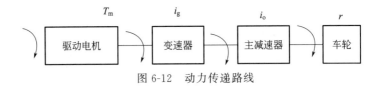

图 6-12 动力传递路线

电动汽车的加速度为

$$a = \frac{F_t - F_r}{M} \tag{6-9}$$

式中，M 为整车质量，kg。

整个传动系统都是转矩和转速的转化，所以硬件部分采用机械连接，与变速器模块类似，在 Simscape/SimDriveline 找到模块，将惯量、轮胎和整车纵向运动模块按照物理结构连接，这样可以让模型更加贴近实际车辆动力传递结构，具有更高的可靠性和精度。传动系统模型如图 6-13 所示。

6.1.8 控制器模型

控制器模型的输入为整车实际车速、需求功率、电机实际转速、电池实际电压，输出为变速器的挡位和速比、发送给电机的转矩需求、制动功率。控制器模型是电驱动系统的上层控制器，需要完成挡位选择功能、识别制动功能和根据实际工况发送给电机控制器模型合适的转矩，因此整个控制器模型分为三个部分，即挡位选择模块、制动模块、转矩指令模块，为了使模型简化，而且仿真的结果趋于保守，制动模块不考虑能量回收。挡位选择模块是控制策略的核心，是研究的重点。控制器模型如图 6-14 所示。

(1) 转矩指令模块

输出转矩模型是模拟中央控制器向电机控制器发送转矩指令，电机输出的转矩受电池电压和电机转速的限制，因此在发送给电机控制器转矩指令之前，要判断转矩指令是否合理，避免由于电池电压较低或者电机转速较高时，输出的转矩指令超出转矩能力，造成实际控制效果达不到控制器发出的指令要求。

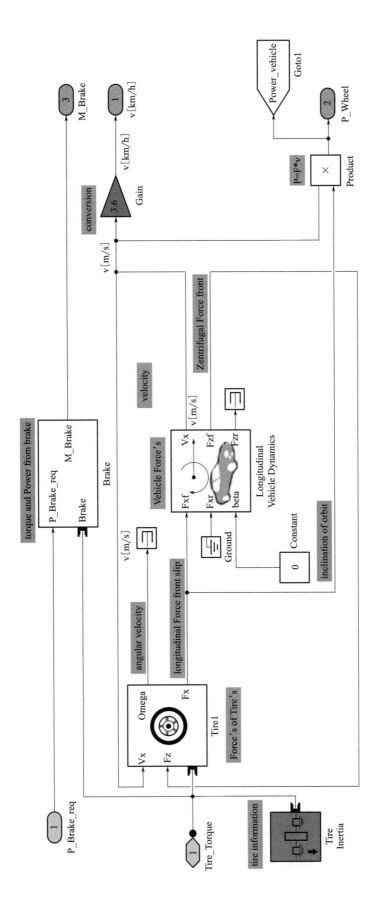

图 6-13 传动系统模型

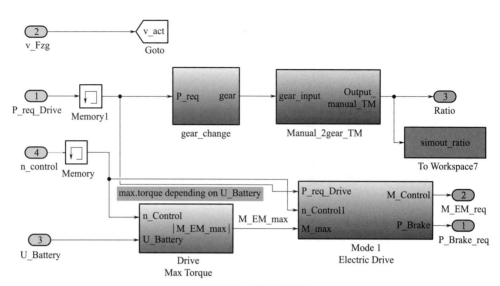

图 6-14 控制器模型

这里对电池电压去低压限值,当电池电压低于限值时,电机转矩为零,高于限值时,根据电机转速得到对应的电压限值。在模型中电池电压和电机转速对电机转矩的限值主要是通过查表的方式获得。转矩指令模块如图 6-15 所示。

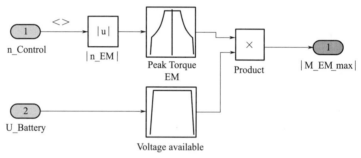

图 6-15 转矩指令模块

(2) 制动模块

制动模块用于判断是否需要进入制动状态,输出为电机转矩和需求的制动功率。首先需要判断电机转动方向,当电机处于反转且需求功率大于零时,说明在倒挡,此时车速较低,输出转矩即为需求转矩,当电机处于反转且需求功率为零时,输出转矩为零,当电机转向为正时,输出转矩即为需求转矩。制动模块如图 6-16 所示。

判断制动工况时,首先判断需求功率是否小于电机的实际功率,如果电机需求功率小于实际功率且电机转速为反向,说明此时汽车处于倒挡且车速减慢,不采用制动。如果电机需求功率小于实际功率且电机转速为正向,则默认进入制动,并根据需求功率和实际功率的差值进行制动功率输出。判断机制模块如图 6-17 所示。

(3) 挡位选择模块

挡位选择模块的输入为汽车的实际车速、需求功率、油门开度、电机的实

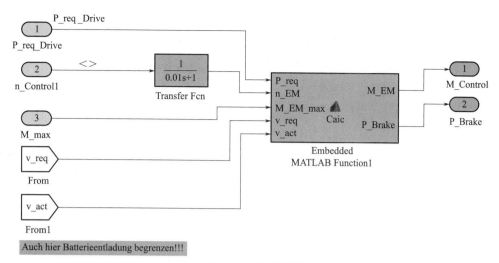

图 6-16 制动模块

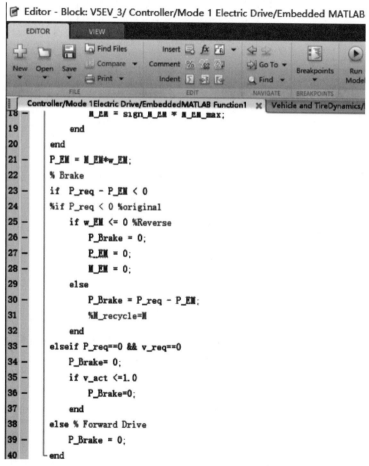

图 6-17 判断机制模块

际转矩,输出为挡位和挡位速比。挡位选择模块分为两个部分:第一个部分是根据输入量选择合适的挡位,输出为挡位;第二部分是根据第一部分输出的挡位查表得到所选挡位对应的速比并输出。

选择挡位的模块中，首先需要对是否进入柔性换挡进行判断。对速度求导得到加速度，计算当前取样的加速度和前一次取样加速度的比值并设置稳定区间，当比值不在稳定区间内时开始计数，同理计算当前取样的油门开度和前一次取样油门开度的比值并设置稳定区间，当比值不在稳定区间内时开始计数，当两个计数器都达到一定数值后进入柔性换挡，模型如图 6-18 所示。

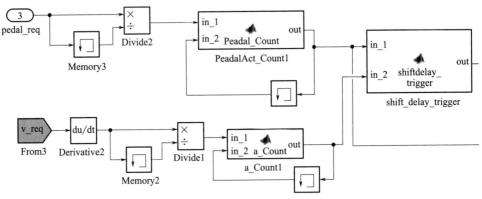

图 6-18 柔性换挡进入判断模型

在进入柔性换挡之后油门开度计数器重新计数，当比值处于稳定区间内时开始计数，计数器累积到阈值时，退出柔性换挡，如图 6-19 所示。

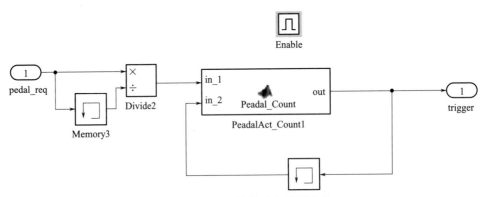

图 6-19 柔性换挡退出判断模型

柔性换挡的执行 TCU 通过对前几个循环车速求均值，得到驾驶员的理想车速，将理想车速和阈值进行对比。当理想车速较高时，进入延迟降挡，此时输入车速[计算公式如式(6-11)所示]。在行车过程中一旦变速器发生降挡，则认为进入延迟降挡的控制过程。

$$v_{in} = (1+\alpha\mu_1)v \tag{6-10}$$

式中，α 为油门开度；μ_1 为补偿系数。

当理想车速较低时，进入延迟升挡，此时输入车速[计算公式如式(6-12)所示]。在行车过程中一旦变速器发生升挡，则认为进入延迟升挡的控制过程。

$$v_{in} = (1+\alpha\mu_2)v \tag{6-11}$$

式中，α 为油门开度；μ_2 为补偿系数。

柔性换挡模型如图 6-20 所示。

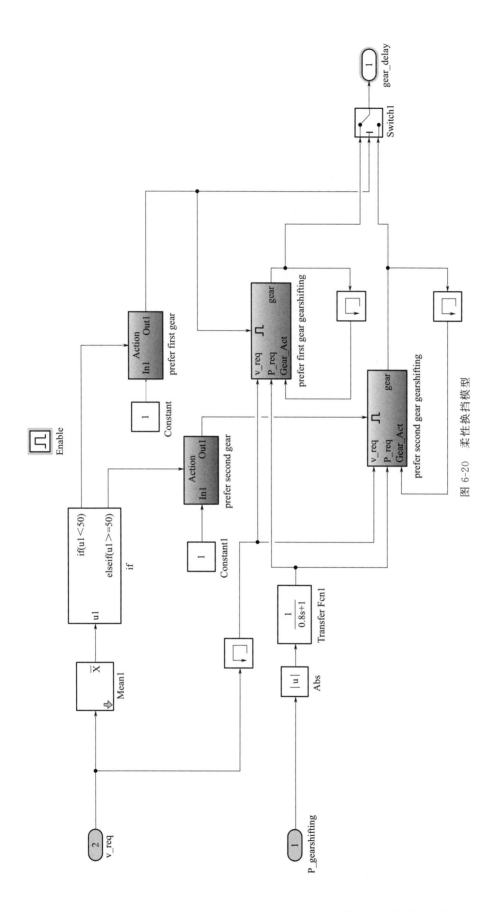

图 6-20 柔性换挡模型

6.2 仿真分析

6.2.1 加速时间仿真

加速时间仿真结果如图 6-21 所示，满载情况下，0～50km/h 加速时间小于 4s，0～100km/h 加速时间小于 11s，满足设计要求。

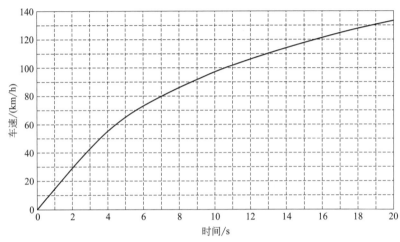

图 6-21 加速时间仿真结果

6.2.2 最高车速仿真

最高车速仿真结果如图 6-22 所示，所设计的电机匹配变速器动力总成在附着率良好的路面上最高车速大于 130km/h，接近 140km/h，满足设计要求。

6.2.3 最大爬坡度仿真

为了仿真最大坡度下汽车所能达到的最高车速，采用全额定功率起步，直到动力和阻力达到功率平衡。如图 6-23 所示，仿真结果表明，在满载情况下，所设计的电机匹配变速器动力总成在附着率良好的路面 20% 坡度上可以达到 45km/h 以上的稳定车速，完全满足整车的动力性要求。

6.2.4 续驶里程仿真

单循环行驶工况 SOC 的变化曲线如图 6-24 所示，整个循环行驶里程为

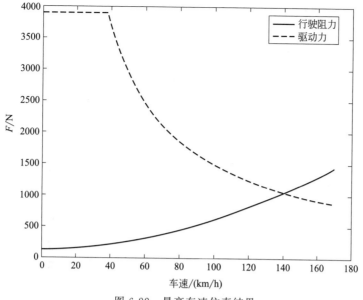

图 6-22 最高车速仿真结果

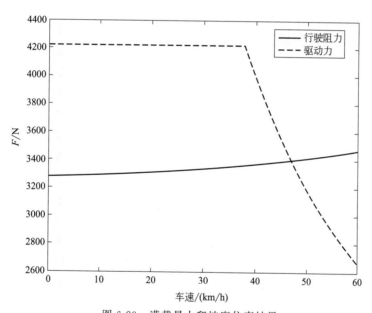

图 6-23 满载最大爬坡度仿真结果

47.35km，SOC 值从 0.9 变化到 0.8571，减少了 0.0429。利用 SOC 值计算续驶里程公式为

$$S = \frac{S_{\text{NEDC}}}{\Delta \text{SOC}} \quad (6\text{-}12)$$

式中，S_{NEDC} 为单个循环的行驶里程，km；ΔSOC 为单个循环下 SOC 值的变化量。

计算得续驶里程为 225km，原车参考续驶里程为 180~200km，在不对电池优化的前提下，理论续驶里程提升了 10% 以上，满足设计要求。

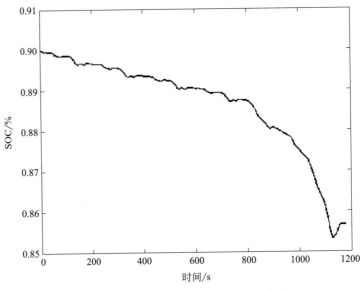

图 6-24 单循环行驶工况 SOC 变化曲线

6.2.5 柔性换挡仿真

采用传统查表方式换挡时，在整个 NEDC 循环工况下的换挡仿真曲线如图 6-25 所示。

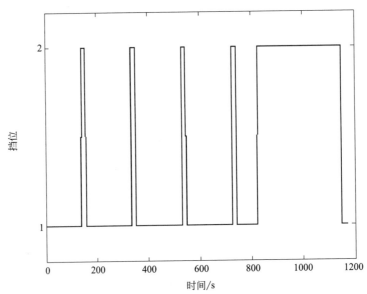

图 6-25 采用传统查表方式换挡时 NEDC 循环工况下换挡仿真曲线

采用柔性换挡时，在整个 NEDC 循环工况下的换挡仿真曲线如图 6-26 所示。

可以看出，采用柔性换挡时，换挡次数相较于采用传统的换挡方式并没有

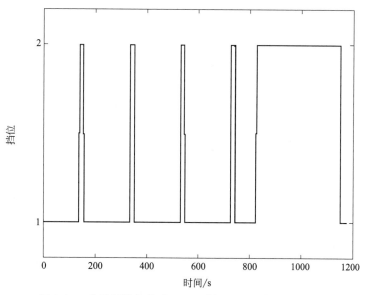

图 6-26 采用柔性换挡时 NEDC 循环工况下换挡仿真曲线

减少,这是因为 NEDC 循环工况中,城市工况下车速变化平缓,所以车速相对于驾驶员意图滞后的影响很小。

采用传统查表方式换挡时,电池 SOC 仿真曲线如图 6-27 所示。

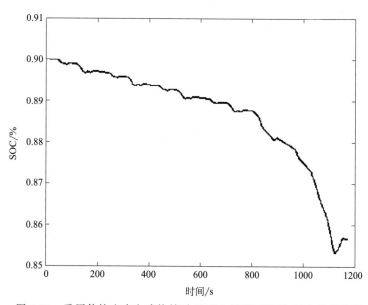

图 6-27 采用传统查表方式换挡时 NEDC 循环工况下 SOC 仿真曲线

采用柔性换挡时,电池 SOC 仿真曲线如图 6-28 所示。

可以看出,汽车行驶 NEDC 工况时,采用传统换挡方式和柔性换挡策略的电池 SOC 仿真曲线几乎一致,说明柔性换挡对整车经济性几乎没有影响。

美国油耗及排放标准(ASFE)的城市行驶循环工况(FTP)中车速变化范围大,工况较为复杂,所以选择该工况作为柔性换挡的仿真工况。

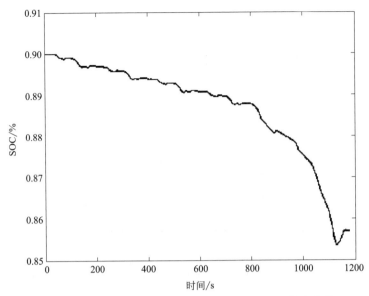

图 6-28　采用柔性换挡时 NEDC 循环工况 SOC 仿真曲线

美国油耗及排放标准（ASFE）的城市行驶循环工况（FTP）中分为三个阶段，0~505s 为冷启动阶段，505~1369s 为稳定状态，1369~1877s 为热启动状态，车速和时间关系如图 6-29 所示。

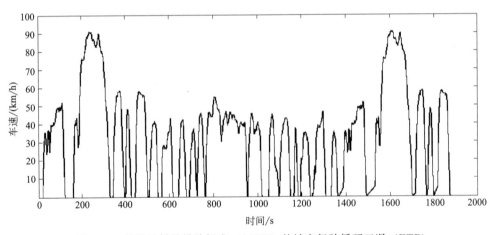

图 6-29　美国油耗及排放标准（ASFE）的城市行驶循环工况（FTP）

可以看出，车速随时间的变化比较复杂，且贴近实际城市交通路况，所以选择该工况测试柔性换挡效果具有合理性。

采用传统查表方式换挡时，在整个 FTP 循环工况下的换挡仿真曲线如图 6-30 所示。

采用柔性换挡时，在整个 FTP 循环工况下的换挡仿真曲线如图 6-31 所示。

采用传统查表方式换挡时，在整个 FTP 循环工况下，电池 SOC 仿真曲线如图 6-32 所示。

采用柔性换挡时，在整个 FTP 循环工况下，电池 SOC 仿真曲线如图 6-33 所示。

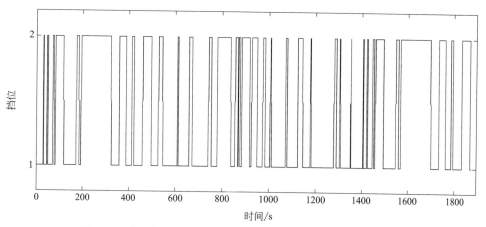

图 6-30　采用传统查表方式换挡时 FTP 循环工况下换挡仿真曲线

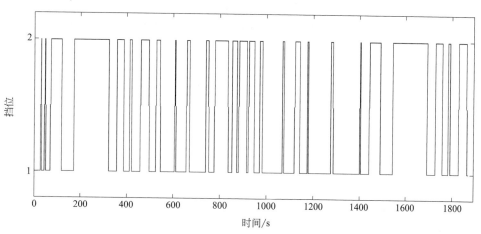

图 6-31　采用柔性换挡时 FTP 循环工况下换挡仿真曲线

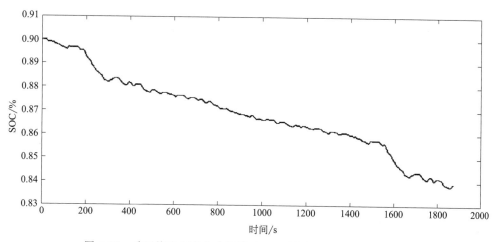

图 6-32　采用传统查表方式换挡时 FTP 循环工况下 SOC 仿真曲线

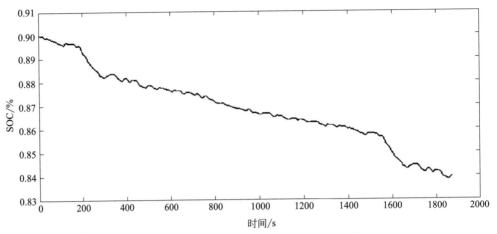

图 6-33 采用柔性换挡时 FTP 循环工况下 SOC 仿真曲线

可以看出，采用柔性换挡后，变速器的换挡次数明显减少，而且采用柔性换挡时，SOC 并没有明显的区别，说明柔性换挡策略可以在保证经济性的前提下，减少换挡次数，提高乘坐舒适性。

第 7 章

动力传动系统换挡规律

7.1　一体化控制流程
7.2　加速踏板的响应和控制
7.3　变速器的换挡规律
7.4　优化的柔性换挡控制策略

和传统汽车一样，纯电动汽车控制策略的目的就是将驾驶员需要的转矩传递到车轮，使车辆能够按照驾驶员理想的状态运行。但是在实际的工程应用中，对驱动系统的控制受硬件、成本、开发周期等限制，一般都是在多重权衡之后取其中的平衡点。

7.1 一体化控制流程

当驾驶员有改变当前状态的想法时，驾驶员对加速踏板和制动踏板进行操作，中央控制器通过接收到的加速踏板信号判断驾驶员的意图，然后中央控制器结合当前变速器和电机运行的状态，向电机和变速器发送指令。在整个过程中，中央控制器既是大脑，需要完成控制过程中的各种决策；也是信息的中转站，需要接收各个零部件的信号，同时进行反馈。控制流程如图 7-1 所示。

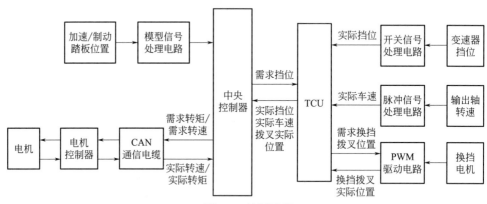

图 7-1 控制流程

可以看出，驱动控制系统是一个很复杂的系统。最后输出到车轮的转矩与很多因素有关，例如加速踏板的位置和需求转矩的对应关系、电机转速和转矩控制、变速器的换挡曲线和换挡过程控制等。目前，在电池技术没有突破技术瓶颈之前，动力总成本身的高效率仍然是提高续驶里程的关键技术，其中的控制策略更是有着举足轻重的地位。因此，驱动控制系统需要考虑这些因素，确保能够满足驾驶员的需求，同时能够优化控制策略，提高续驶里程。

整车厂需要供应商开放电机控制器的接口，能够让电机控制器和中央控制器进行通信。当整车厂只是单独采购电机时，需要供应商提供电机的效率图，此时的电机和电机控制器相当于一个黑盒子，整车厂会利用供应商提供的接口和效率图对整个驱动系统制定控制策略，并标定控制量。因此，可以看出在实际的控制过程中，整车厂对电机的控制只是给定一个输入量，电机输出一个正确的输出量，而且电机能够在故障时反馈正确的故障码。

7.2 加速踏板的响应和控制

驾驶员在驾驶时，通过操作加速踏板实现驾驶意图，因此及时、准确地获得加速踏板信号至关重要，并且加速踏板信号需要满足稳定性、单调性、连续性的要求。

由于加速踏板的重要性，需要为加速踏板增加冗余判断。在项目中，油门开度值的输出信号需要经过判断再得出，油门开度值计算流程如图 7-2 所示。

图 7-2 油门开度值计算流程

① 采用两路电位传感器，两路独立采集信号分别是 $\theta_1(A)$ 和 $\theta_2(A)$。
② 通过数模转换将数字信号转化为模拟信号 $\theta_1(D)$ 和 $\theta_2(D)$。
③ 对两路信号进行诊断，得到诊断后的信号 $\theta(D)$。若采样值超出范围，则丢弃。然后将两路信号求差，如果差值在限定范围内，则采用默认设置里优先级高的信号，如果差值超过限值，分析是否有某一路信号有明显问题，然后采用没有明显问题的信号，如果无法判断任何一路的信号有明显问题，或者判断出两路信号都有问题时，采用设定的默认值，确保汽车能够跛行到维修点。这种冗余判断和信号分析的滤波有很大的关系。
④ 对诊断后的信号进行滤波，得到滤波后的信号 θ'，避免传感器的误传和误读。
⑤ 通过滤波后的数据计算油门开度值 θ，计算公式为

$$\theta = \begin{cases} 0 & \theta' < \theta_{min} \\ \dfrac{\theta' - \theta_{min}}{\theta_{max} - \theta_{min}} & \theta_{min} < \theta < \theta_{max} \\ 1 & \theta' > \theta_{max} \end{cases} \quad (7-1)$$

加速踏板位置所对应的油门开度是控制单元的输入，所以整车控制器的逻辑和变速器的换挡逻辑与加速踏板的信号是强相关的。在项目中，加速踏板程序中的死区参数、最大有效值参数、信号映射关系参数等是默认值，表现为加速踏板位置和油门开度的线性关系，项目中直接保留原先的程序参数，故对 pedal map 的制定不进行深入分析，将加速踏板的输出信号直接作为控制系统的输入量。

7.3 变速器的换挡规律

自动变速器的换挡规律本质上就是利用原先制定好的控制策略取代驾驶员

的判断和操作，是一个控制过程。根据控制过程输入量的个数，可分为单参数、双参数和多参数换挡规律。根据控制的目标，可分为动力性换挡规律和经济性换挡规律。

单参数换挡规律中，仅考虑车速对挡位的影响。在控制程序中设置每个升挡过程的速度阈值和降挡过程的速度阈值，整个换挡控制策略比较简单，但是驾驶员不能干预换挡过程，驾驶感受较差，所以现在几乎不采用。

双参数换挡规律中，考虑油门开度和车速对换挡的影响。在控制过程中，每一个油门开度和车速对应一个挡位，这种情况下，驾驶员可以通过踩下加速踏板的程度来控制换挡时机。由于换挡时机是由油门开度和车速共同决定的，所以在不同的油门开度下，升挡曲线和降挡曲线可以有不同的差值，从而更好地实现汽车设计的动力性和经济性目标。双参数换挡在一定程度上克服了单参数换挡的缺点，是目前车辆上比较常用的一种换挡方式，以车速和油门开度为控制参数进行联合控制。在这种换挡方式下，驾驶员可以通过控制油门开度提前或延迟换挡，使车辆更容易满足动力性和经济性的需求。

三参数换挡规律基于双参数换挡规律，再增加一个输入参数，一般研究较多的是加速度参数。这种控制方式可以使换挡时机的选择更加精确，有利于实现更好的动力性和经济性，但是这种换挡规律比较复杂，所以目前在量产车上应用较少。

7.3.1 最佳动力性换挡规律

汽车的动力性包括最大爬坡度、最高车速、加速性能。一般而言，变速器的最低挡位速比就已经决定了汽车的最大爬坡度，变速器的最高挡位或者次高挡位决定了汽车的最高车速，变速器的换挡控制策略决定了汽车的加速性能。汽车的最佳动力性换挡就是通过选择合适的换挡时机，使汽车保持最大的加速度。

变速器在不同挡位时，旋转质量换算系数不同，这对汽车的加速度会有一定的影响。汽车的瞬时加速度计算式为

$$a=\frac{dv}{dt}=\frac{1}{\delta M}\left[F_t-(F_f+F_w)\right]=\frac{1}{\delta M}\left[\frac{Ti_g i_o \eta_T}{r}-\left(Gf+\frac{C_d A v^2}{21.25}\right)\right] \quad (7\text{-}2)$$

式中，δ 为旋转质量换算系数。δ 的计算式为

$$\delta=1+(\delta_1+\delta_2 i_k^2)\frac{G_a}{G_x} \quad (7\text{-}3)$$

式中，δ_1 和 δ_2 为计算常数，一般对于乘用车而言，δ_1 取 $0.03\sim0.05$，δ_2 取 $0.05\sim0.07$；i_k 为当前挡位速比；G_a 为当前整车质量，kg，G_x 为汽车满载质量，kg。

若选变速器一挡速比为 1.654，二挡速比为 1.2。取 $\delta_1=0.05$，$\delta_2=0.06$。假设在满载情况下，将两个挡位的速比分别代入并求出比值。代入公式得一挡换算系数为 1.21414296，二挡换算系数为 1.1364。算出比值为 0.93596886。

由于旋转质量系数的差异较小，所以只考虑经过变速器传递到车轮的转矩。电动汽车和燃油汽车的动力性换挡规律类似，都是使汽车有最大的加速度，

所以同一油门开度下，画出相邻挡位的车轮端输出转矩曲线，曲线的交点即为换挡点。这里采用作图法制定换挡曲线。

① 画出不同油门开度下的电机牵引特性曲线，如图 7-3 所示。

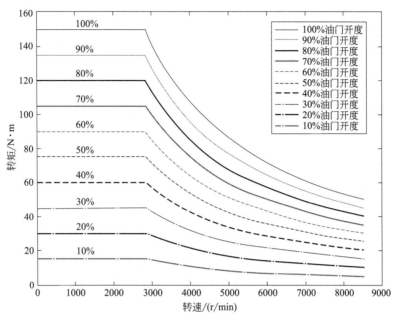

图 7-3　不同油门开度下的电机牵引特性曲线

② 作出在不同油门开度下，两个挡位的输出转矩，分别标记出同一油门开度下两个挡位加速度的交点。将这些交点连起来，就是变速器的升挡曲线，如图 7-4 所示。

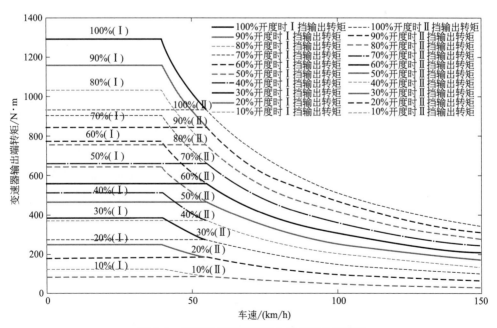

图 7-4　不同油门开度下两个挡位的升挡曲线

③ 确定升挡曲线后,需要基于升挡曲线制定降挡曲线,降挡曲线的制定有等延迟型、发散型、收敛型、综合型,这里的降挡曲线采用等延迟型,如图 7-5 所示。

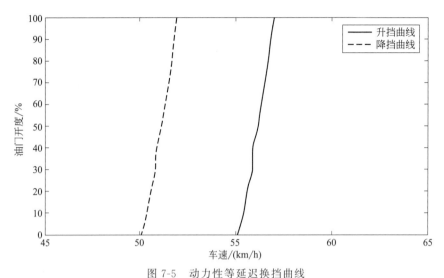

图 7-5 动力性等延迟换挡曲线

7.3.2 最佳经济性换挡规律

纯电动汽车的经济指标主要有续驶里程、单位里程能耗、单位能耗行驶里程等。在汽车的行驶过程中,电池放电,电流经过分线盒,一部分电能用于辅助设备,一部分电能通过逆变器驱动电机,然后将电能转化为动能传递到变速器,最后传递到车轮。能量的消耗主要来源于三个方面:一是机械传动部件的能量损失,例如变速器的传动效率,传动轴的传动效率等;二是电机、超级电容及电池组等在能量转换和传递过程中会有一部分能量耗散掉;三是辅助设备的用电会消耗一部分能量。

用于驱动车辆的能量计算式为

$$E_D = \eta_B \eta_M \eta_C (E - E_A) \tag{7-4}$$

式中,η_B 为电池的放电效率;η_M 为电机的效率;η_C 为传动系统的传动效率;E_D 为驱动车辆的能量;E 为电池能释放的能量;E_A 为驱动辅助设备的能量。

纯电动汽车的经济性与蓄电池、逆变器、电机、传动系统、辅助设备等有关。辅助设备和汽车运行状况有关,不可人为预知。低于 40℃ 时,放电效率随温度升高,在 40℃ 以上时,电池放电效率变化不大。考虑汽车稳定行驶时电池温度高于 40℃,所以 η_B 的变化很小,可以取为默认值。纯电动汽车传动系统的效率损失主要包括齿轮啮合功率损失、内部油雾造成的风阻损失、搅油损失、轴承损失等,有关理论尚不完善。通过试验证明效率在很小的偏差内,因此 η_C 取为默认值。从式(7-4)中可以看出,当 η_B 和 η_C 为默认值时,只有 η_M 在汽车行驶过程中是可以人为控制的,所以这里主要以电机效率作为控制依据,制定经济性换挡控制策略。这就需要在不同的车速下，使变速器处于合适的挡位，保证电机在较高的效率下运行。

建立经济性换挡控制策略的步骤如下。

① 绘制电机效率 MAP 图，MAP 图根据试验数据绘制，由于电机从供应商处采购得到，所以供应商提供了电机效率 MAP 图和等高线图。电机效率 MAP 图如图 7-6 所示。

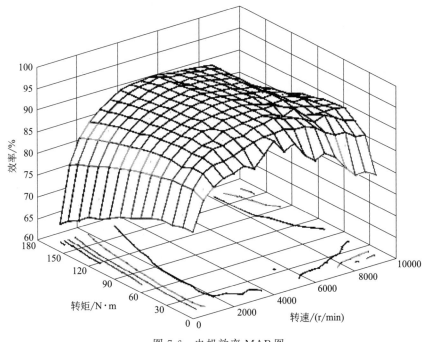

图 7-6 电机效率 MAP 图

② 电机的等高线图纵坐标为电机转矩，横坐标为电机转速，在图中查得任意转速、转矩对应的电机效率。

③ 绘制不同油门开度下的电机效率曲线，在某一个油门开度下选取一系列点，根据这些点的转矩和转速确定这个点处的电机效率，然后将电机转速分别换算成一挡和二挡的车速，以车速为横坐标，电机效率为纵坐标，画出同一电机转速下，电机效率和车速的曲线，两条曲线的交点就是换挡点。

④ 通过插值绘制所求出的换挡点，即为最佳经济性升挡曲线，需要基于升挡曲线制定降挡曲线，降挡曲线的制定有等延迟型、发散型、收敛型、综合型，这里的降挡曲线采用等延迟型，如图 7-7 所示。

7.3.3 组合型换挡控制策略

当驾驶员在驾驶时，一般在中低负荷时，希望有较好的经济性，在中高负荷时，希望有较好的动力性，所以这里兼顾动力性和经济性，采用综合型换挡控制策略，即设置阈值，当油门开度小于阈值时，采用经济性换挡控制策略，大于阈值时，采用动力性换挡控制策略，如图 7-8 所示。

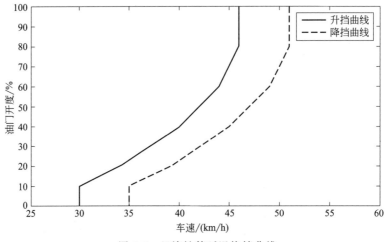

图 7-7 经济性等延迟换挡曲线

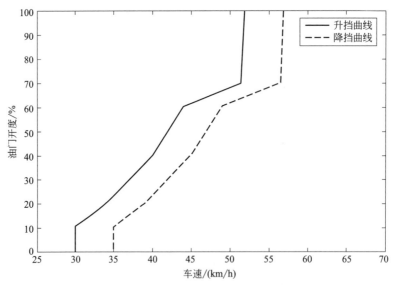

图 7-8 综合动力性和经济性的换挡曲线

7.4 优化的柔性换挡控制策略

在汽车行驶时，TCU 根据油门开度和车速，在换挡曲线上查得对应的挡位，判断是否需要换挡。这种控制策略中每一条升挡曲线和降挡曲线都是一个阈值，根据油门开度和车速的对应关系决定挡位，一般相邻挡位之间，设定升挡曲线某一油门开度对应的车速要高于降挡曲线相同油门开度对应的车速，这样是为了防止频繁换挡。但是，这种控制逻辑在复杂工况下会进入循环换挡。

假设汽车要越过一个坡度较大的山坡，如图 7-9 所示。

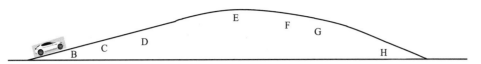

图 7-9 汽车爬坡

汽车运行工况如图 7-10 所示。

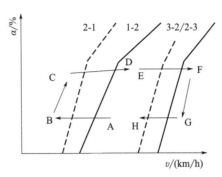

图 7-10 爬坡时汽车运行工况

1-2——挡升二挡曲线；2-1—二挡降—挡曲线；2-3—二挡升三挡曲线；3-2—三挡降二挡曲线

首先是上坡工况，汽车在上坡之前车速不变，此时驱动力和行驶阻力平衡，变速器工作在 A 区域；上坡时汽车坡度阻力增加，行驶阻力变大，行驶阻力大于驱动力，此时油门开度未变车速下降，TCU 根据输入信号判断汽车工作在 B 区域，TCU 控制整个系统降挡；当车速下降很明显时，驾驶员开始踩下加速踏板并保持油门开度不变，TCU 根据输入信号判断汽车工作在 C 区域，随后车速上升，油门开度保持不变，TCU 根据输入信号判断汽车工作在 D 区域，TCU 控制系统升挡；在到达山坡最高处之后汽车开始下坡，在下坡之前驱动力和行驶阻力平衡，汽车工作在 E 区域，下坡时由于重力会产生一个加速的效果，车速上升但是油门开度未变，TCU 根据油门开度和车速判断汽车进入 F 区域，然后变速器开始升挡；当车速加速过快时，驾驶员会减小油门开度，随后动力源输出转矩较小，车速下降较慢，汽车进入 G 区域；随后车速继续下降，汽车进入 H 区，变速器降挡。因此，在上一个坡度较大的坡时，变速器会进行降挡-升挡-升挡-降挡的过程，这会对驾驶性能造成很大的影响。

汽车行驶在市区时，当路段稍微拥堵时，驾驶员需要跟车，且驾驶员在对两车间距、车速等因素做出反应具有一定的反应滞后性。汽车运行工况如图 7-11 所示。

这时车速可能在降挡曲线和升挡曲线之间，由于汽车自重很大，所以油门开度的变换传递到车速会有一定的滞后，但是传统的控制策略只会根据车速和加速踏板信号来判断目标挡位，这样很容易造成频繁换挡的问题。假设汽车通过车流量较大的路段时，驾驶员看到前方车速减缓，会松开加速踏板，此时整车由于惯性，短时间内车速变化较小，此时 TCU 会根据车速和加速踏板信号判断汽车状态从 A 区域进入 B 区域，随后车速下降，进入到 C 区域，变速器降挡。后来前车加速，车间距增大，为了跟车，驾驶员会踩下加速踏板，此时油

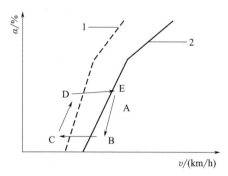

图 7-11 拥堵路况时汽车运行工况
1—降挡曲线；2—升挡曲线

门开度增大，由于整车惯性较大，车速上升较为缓慢，TCU 根据油门开度和车速的对应关系判断汽车进入 D 区域，随后车速增加，进入 E 区域，变速器升挡。在前车一次减速和加速的过程中，跟车会使 TCU 控制变速器进行降挡-升挡的过程。当通过一段拥堵路段时，会一直遇到这种工况，这会大大增加变速器内部摩擦件的磨损，并且造成较差的驾驶体验。

可以看出，单纯地采用开环查表方法选择目标挡位会使汽车在复杂工况下频繁换挡，这样会降低舒适性，这里通过尝试新的控制方法，优化汽车在复杂工况下的换挡次数。汽车在通过复杂路况会产生频繁换挡的根源在于在复杂的工况下，车速的改变相对于油门开度的变化具有迟滞性，如果能够在复杂工况下，减少这种迟滞性的影响，就可以减少换挡次数。

驾驶员在驾驶时，驾驶行为会由于自身内在因素的制约，出现感知差错，这种感知差错会使驾驶员的判断有滞后性。当汽车在通过山坡的过程中，上坡时，汽车车速会下降，在车速未下降到驾驶员感知的心理底线之前，驾驶员会保持加速踏板位置不变，当车速越过驾驶员心理底线之后，驾驶员踩下加速踏板，由于车速上升需要一个过程，驾驶员会潜意识地相对较深地踩下加速踏板。在这个过程中，车速先下降再上升。下坡时，汽车车速会上升，在车速未上升到驾驶员感知的心理底线之前，驾驶员会保持加速踏板位置不变，当车速越过驾驶员心理底线之后，驾驶员松开加速踏板，由于车速下降需要一个过程，驾驶员会潜意识地较大程度地松开加速踏板。在这个过程中，车速先上升再下降。油门开度、车速、加速度变化如图 7-12 所示。

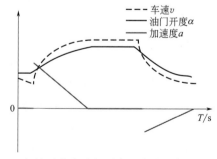

图 7-12 爬坡时汽车油门开度、车速、加速度变化曲线

当汽车通过拥挤路段时，油门开度值从大到小，再从小到大，整车有减速和加速的过程。油门开度、车速、加速度变化如图7-13所示。

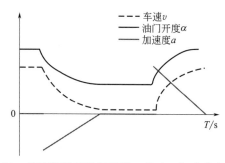

图7-13　拥堵路况时油门开度、车速、加速度变化曲线

通过分析可以看出，在复杂工况下，产生频繁换挡的原因主要有两点：第一点是由于驾驶员对加速踏板的控制相对于路况有一定的滞后性；第二点是由于整车惯性较大，油门开度的变化到车速的变化有一定的滞后性。针对这种情况，有两种优化方法。第一种是从选挡时长着手，对变速器换挡增加一个目标挡位时长的限制阈值，在TCU发出执行换挡指令前，TCU判断选择目标挡位的时长是否超过阈值，如果超过阈值，TCU发出执行换挡的指令，如果选择目标挡位的时间很短，没有超过阈值，保持原挡位。这种方法可以有效避免由于整车惯性导致车速的变化相对于油门开度的变化滞后。第二种是根据汽车在行驶过程中，油门开度的变化率和加速度的变化，确定汽车行驶的工况，并基于一定时长内的平均速度，设置阈值，当速度较大时延迟降挡，当速度较小时，延迟升挡，从而达到减少换挡次数的目的。第一种方法的优势在于可以用一个阈值来优化，具有省时省力的优点，但是由于只考虑时间阈值，所以具有一定的缺陷。首先需要设立时间阈值，单纯地从时间的角度来优化换挡控制，时间阈值设置偏大时，会影响动力性和经济性，而且会一直给驾驶员较差的换挡延迟感受，如果设置偏小时，对汽车工作在复杂工况下的优化换挡次数的效果有限。其次汽车在行驶过程中，给驾驶员最直接的感受就是车速，这种方法在优化过程中并未考虑到车速的因素，所以较难将驾驶体验和阈值的标定联系起来，而且只是单纯以一个阈值来优化，考虑的自由度较少，能够优化的效果有限。

通过以上分析，这里选择通过对复杂工况下油门开度和加速度的研究，优化换挡控制策略，通过优化希望能够有效减少复杂工况下的换挡次数。

在延迟换挡的控制策略设计中，需要考虑车速的影响。一方面不同驾驶员对速度的感知不一样，另一方面在不同的速度时，需要考虑延迟换挡对动力性和经济性的影响。在换挡曲线中，进入循环换挡的工况有很多，对应的车速区间也很大，为了保证控制策略能够更好地实现动力性和经济性的要求，需要设置车速的阈值。当车速低于阈值进入延迟换挡时，整车工作在拥挤路段，驾驶员对动力性的要求较低，此时希望整车不需要较大的最高车速，只需要将挡位固定在低挡位即可，当车速较高且进入延迟换挡时，驾驶员希望汽车以一个较高的车速行驶，此时对变速器输出的转速有较高的要求，低挡位可能在电机最大转速时也无法满足要求，即使满足要求时，由于电机转速较高，此时的电机效率会比较低,所以此时需要将挡位固定在较高挡位。因此,需要一个驾驶员满意的车速作为输入,但是频繁换挡本就是因为从驾驶员的意图到车速的变化具有一定滞后性才造成的,所以当前的瞬时车速不适合作为驾驶员的理想车速。由于进入循环换挡之前,汽车已经经过一次或者多次的车速循环变化,当车速低于驾驶员理想车速,驾驶员踩下加速踏板,汽车提速,当车速高于驾驶员理想车速,驾驶员松开加速踏板,汽车降速,可以看出这些变化的车速都是在驾驶员理想车速附近,所以对进入循环换挡之前的多次循环车速取均值,将均值作为驾驶员理想车速的输入。

汽车行驶在复杂工况时,TCU 进入延迟换挡,当汽车通过复杂路况进入良好路况时,TCU 能够进行判断并需要进入正常的换挡控制策略,这就需要一个判断机制,当汽车行驶在良好工况时,油门开度应该是不变或者线性变化,因此基于加速度判断是否需要退出柔性换挡。

柔性换挡优化流程如图 7-14 所示。

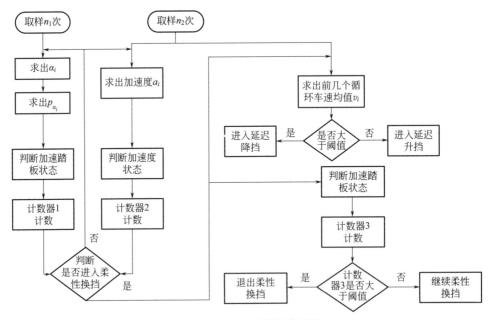

图 7-14 柔性换挡优化流程

优化方法中输入参数为油门开度、车速和加速度,加速度通过对车速求导得到。优化步骤如下。

① 对油门开度、加速度、车速取样。

油门开度取样:假设加速踏板的电位计采样时间为 Δt_1,取样 n_1 次,每次取样的油门开度值为 α_{ij},将 n_1 次采集的油门开度取均值,作为当前时刻的油门开度 α_i,计算式为

$$\alpha_i = \frac{\sum \alpha_{ij}}{n_1} \tag{7-5}$$

车速取样:假设输出轴转速传感器采样时间为 Δt_2,取样 n_2 次,每次取样的转速为 ω_{ij},将 n_2 次采样的转速换算为车速并取均值,作为当前车速的输入

v_i，计算式为

$$v_i = \frac{\sum 2\pi r \omega_{ij} i_g}{n_2} \tag{7-6}$$

加速度取样：加速度通过对车速求导得到，车速通过变速器输出轴转速换算得到，将 n_2 次采样的转速换算为加速度并取均值，作为当前加速度的输入 a_i，计算式为

$$a_i = \frac{\sum 2\pi r \dfrac{\mathrm{d}\omega}{\mathrm{d}t} i_g}{n_2} \tag{7-7}$$

② 判断驾驶员状态和汽车状态分析。

设置油门开度的三种状态，即大开度、中开度、小开度，前一次取样的油门开度为 α_{i-1}。取 p_{α_i} 为当前开度和前一次开度的比值，当 p_{α_i} 小于 σ_1 且大于 σ_2 时，标记为状态 1，否则标记为状态 2，如果是状态 2，计数器 1 加 1，当出现状态 1 时，计数器 1 不变。其中 σ_1 和 σ_2 是阈值参数。

设置加速度对应整车的三种状态，即加速、平稳、减速。输入当前加速度为 a_i，a_i 小于 σ_3 且大于 σ_4 时，标记为状态 1，否则标记为状态 2，如果是状态 2，计数器 2 加 1，当出现状态 1 时，计数器 2 不变。其中 σ_3 和 σ_4 是阈值参数。

③ 判断是否进入柔性换挡。

当计数器 1 连续出现 k_1 次状态 1 时，计数器 1 归零，当计数器 2 连续出现 k_3 次状态 1 时，计数器 2 归零。当计数器 1 出现 2 的次数累计到 K_2 且计数器 2 出现 2 的次数累计到 K_4 时，进入柔性换挡策略。

④ 柔性换挡控制。

TCU 通过对前几个循环车速求均值 v_i，将 v_i 作为驾驶员的理想车速，将理想车速和阈值进行对比。当理想车速较高时，进入延迟降挡的控制策略，此时 TCU 希望变速器挡位保持在二挡，将降挡曲线左移，使变速器在更低的车速下换挡，在行车过程中一旦变速器发生降挡，则认为进入延迟降挡的控制过程。

当理想车速较低时，进入延迟升挡的控制策略，此时 TCU 希望变速器挡位保持在一挡，将升挡曲线右移，使变速器在更高的车速下换挡，在行车过程中一旦变速器发生升挡，则认为进入延迟升挡的控制过程。

⑤ 退出柔性换挡策略。

将油门开度 α_i 作为输入，假设油门开度 α_i 保持在状态 1，通过下次采样数据分析油门开度的状态，如果保持在状态 1，则计数器 3 加 1，否则计数器置零，当计数器出现 2 的次数大于 k_5 时，TCU 默认已经驶出复杂工况，不再执行延迟换挡。

第 8 章

双电机动力总成耦合控制

8.1 纯电动汽车能耗分析
8.2 双电机驱动结构分析
8.3 基于行星耦合系统的新型双电机驱动结构
8.4 双电机动力耦合系统控制策略
8.5 基于能效的参数优化

由于采用了双电机动力耦合系统，整车的动力传动系统发生了较大的变化，因此需要对电机、动力电池和传动系统等参数进行重新匹配，根据相关动力性能指标往往只能确定电机的总需求功率，需要合理分配两个电机的功率使其在正常行驶中实现经济性能最大化。在参数初步匹配完成后，采用遗传算法对参数进行优化，并对优化前后的参数进行性能对比分析。

8.1 纯电动汽车能耗分析

与传统内燃机汽车相比，纯电动汽车取消了发动机，增加了电源系统和驱动电机等，其驱动系统主要是由电源系统、驱动电机系统、整车控制器和辅助电气系统组成。其中，电源系统主要包括动力电池、辅助动力源和 BMS（电池管理系统）等，能耗主要来源于动力电池的内阻，动力电池在工作时，若电流较大，就会导致电池自身电压较高，电池的开路电压下降，减少电池的利用率。但是该部分能耗与整车能耗相比，所占比重非常低，这里暂不考虑。驱动电机系统是电动汽车的核心，由电子控制器、驱动电机、功率转换器以及减速器等机械传动装置组成，该系统能耗主要来自于驱动电机能耗和机械传动机构的能耗。整车控制器是电机系统的控制中心，通过接收踏板信号向电机控制器发出相应的控制指令，控制电源系统将能量输出到驱动系统，这部分的能耗主要是内部电路在工作时所产生的热量。辅助电气系统包括车载信息显示系统、车载空调、音响以及维持汽车运行所需的照明、制动、转向及除霜装置等一系列元器件。纯电动汽车的能耗表达式为

$$E_{tot}=E_{con}+E_{ele}+E_{dri} \tag{8-1}$$

式中，E_{tot} 为整车总能耗，E_{con} 为整车控制器能耗，E_{ele} 为整车辅助电气系统能耗，E_{dri} 为驱动电机系统能耗。

其中，驱动电机系统能耗由电机自身能耗、传动系统能耗和驱动汽车行驶的能耗组成，即

$$E_{dri}=E_{mot}+E_{tra}+E_{whe} \tag{8-2}$$

式中，E_{mot} 为电机能耗，E_{tra} 为传动系统能耗，E_{whe} 为驱动车辆行驶所需能量。

纯电动汽车在运行过程中的能量利用率可表示为

$$\eta=\frac{E_{whe}}{E_{tot}}=1-\frac{E_{con}+E_{ele}+E_{mot}+E_{tra}}{E_{tot}} \tag{8-3}$$

式中，η 为整车能量利用率。

若想在保证动力性的基础上有效地提高纯电动汽车的经济性，就需要降低除了汽车行驶能耗以外的能量损耗。控制系统负责协调整车各部分之间的功能，且所占能耗只有 2%～3%，此部分可用于提高经济性的空间不大，辅助电气系统的功能是为了保证驾驶员良好的驾驶体验，许多是驾驶必备的功能，如若为了提高经济性而放弃部分功能的使用，是得不偿失的举措。驱动电机系统的能耗是所有能耗中占比最大的一项，从此系统入手，能够最有效地提升汽车的经

济性。其中，若想减少传动系统损耗，主要是从机械加工的角度着手，制造出精密度更高的传动设备来减少摩擦损耗，但是该方式的研发成本和制造成本都很高，而且不易在短期内实现。在纯电动汽车实际行驶过程中，电机难以持续维持在高效率区间工作，其工作效率主要分布在60%~95%之间，效率差异较大。若能使电机长时间地维持在高效率区间工作，那么便可以大大提高整车的能量利用率，提升整车的经济性。因此，采用双电机驱动系统取代单电机直驱型结构，理想状况下，该系统可根据不同的工况调节电机的工作状态，使电机效率一直处于相对高点，从而提升整车能量利用率，延长整车续驶里程。

8.2 双电机驱动结构分析

8.2.1 独立驱动结构分析

双电机独立驱动结构大致可分为两种，一种是两电机分别驱动前、后轴，另一种是轮毂电机驱动。

(1) 两电机分别驱动前、后轴

目前，一般在高档次的纯电动汽车中前、后轴各自配备一整套驱动系统，如图8-1所示。这样可以做到双轮驱动和四轮驱动的随意切换。

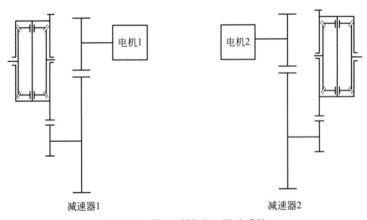

图8-1 前、后轴独立驱动系统

装有此种动力系统的汽车通过四轮驱动可以拥有很好的动力性，其行驶方程式为

$$\left(\frac{T_{MG1}i_{MG1}}{r_f}+\frac{T_{MG2}i_{MG2}}{r_r}\right)i_o\eta_T=F_f+F_w+F_i+F_j \qquad (8-4)$$

式中，T_{MG1} 为电机1输出转矩；T_{MG2} 为电机2输出转矩；i_{MG1} 为电机1连接的减速器1的传动比；i_{MG2} 为电机2连接的减速器2的传动比；r_f 为前轮胎半径；r_r 为后轮胎半径；i_o 为主减速器传动比；η_T 为传动效率；F_f 为滚动

阻力；F_w为空气阻力；F_i为坡度阻力；F_j为加速阻力。

这种结构的主要优点在于可以对前、后驱动轴上的电机分别进行控制，根据不同的行驶工况合理分配两电机的输出转矩，可以使整车的工作效率更高。在驾驶员注重经济性时，可采用双轮驱动模式驱动车辆行驶，并可根据载荷大小选择电机1工作或者电机2工作。在驾驶员对动力性要求较高时，可同时驱动前、后轴电机，增强整车的动力性。因此，配备该种结构的车辆可根据实时的工况和驾驶员的要求切换双轮驱动和四轮驱动两种模式，此外，四轮驱动可有效提高整车的爬坡性能和加速能力。但是，该种结构由于前、后轴的分别驱动，相较于普通车辆，需要增加一整套传动设备，对整车的空间布置要求大大提高，同时也会导致整车的成本显著提高，这也是目前只在高端纯电动汽车上才能见到这种结构的原因。

（2）轮毂电机驱动

轮毂电机在汽车上的驱动形式可分为减速驱动和直接驱动。减速驱动主要是轮毂电机采用内转子结构，需配备减速器进行减速增扭，以满足车辆的输出要求。直接驱动是轮毂电机采用外转子结构，该方案可有效提升系统轻量化水平，但是该种驱动方式在车辆起步时，电机的转矩需从零开始逐渐提升，因此会导致车辆起步时的动力性较差。

采用两轮毂电机进行驱动可以有效消除动力经过变速器、差速器等传动结构的机械损失，能量利用率大大提升，研究表明，相较于集中式驱动，轮毂电机驱动的效率约高出10%。由于采用轮毂电机，对空间要求降低了，方便了整车的布置。此外，轮毂电机驱动模式更有利于实现精确的分布式驱动的控制，有利于未来实现自动驾驶上层控制策略的开发。

但是采用轮毂电机驱动模式，整车的最大驱动转矩即为轮毂电机峰值转矩之和，因此对电机本身的性能要求会更加严格；此外，由于将电机安装在轮毂中，会显著增加车辆的簧下质量，在追求舒适性的今天，势必会对悬架提出更高的要求，这两个问题都会导致成本的提升。不仅如此，轮毂电机在运行过程中还需要考虑散热问题，在狭小空间下如何有效解决这个问题还没有得到妥善解决。散热问题以及恶劣的工作环境均极易导致电机的损坏，这种结构下若一个电机出现问题，那么整车将难以前行甚至出现行车危险。

8.2.2 耦合驱动结构分析

双电机动力耦合系统主要分为两种结构，第一种是两电机分别搭载各自的传动系统，第二种是两电机通过行星排进行功率耦合。第一种结构主要与图8-2所示结构类似，电机1为主电机，搭载两挡变速装置；电机2为辅助电机，其主要功能有两个，第一是当系统出现换挡操作时，会出现动力中断现象，此时辅助电机负责驱动整个系统，进行动力补偿，以实现无动力中断换挡的过程，第二是当电机1无法提供汽车行驶所需动力时，电机2与电机1进行转矩耦合驱动，来满足驾驶员的行驶需求。此系统共有五种工作模式，分别是电机1低挡位单独驱动，电机1高挡位单独驱动，电机2单独驱动，电机1低挡位与电机 2 转矩耦合驱动,电机 1 高挡位与电机 2 转矩耦合驱动。

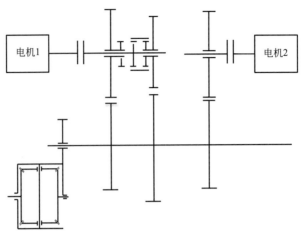

图 8-2 转矩耦合驱动系统

在转矩耦合模式下,汽车行驶方程式为

$$\frac{T_{MG1}i_{MG1}+T_{MG2}i_{MG2}}{r}i_o\eta_T=F_f+F_w+F_i+F_j \tag{8-5}$$

这种结构虽然可以很好地应对中低速的城市工况,但是仍然是以主电机驱动为主,辅助电机的工作时间非常短暂,因此在设计电机参数时,主电机仍然需要选择大功率的电机,导致节能的潜力并不明显。而且,这种结构除搭载大功率电机之外,还需要配备额外的辅助电机和变速装置,这直接导致整车的成本显著增高,为了不明显的节能潜力额外增加这么多设备,有得不偿失的可能。

第二种结构是两电机搭载行星排,可以实现转速耦合的驱动,如图 8-3 所示。动力可从电机 1 经齿圈输入,也可从电机 2 经太阳轮输入。当汽车需要进行高速行驶时,可使电机 1、电机 2 同时工作,利用行星排进行转速耦合后将动力输出。

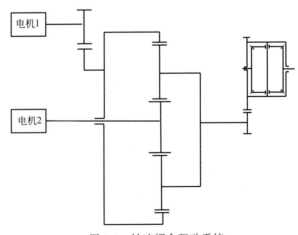

图 8-3 转速耦合驱动系统

在转速耦合模式下，汽车行驶方程式为

$$\frac{(1+k)T_{MG1}i_{MG1}}{kr}i_o\eta_T = \frac{(1+k)T_{MG2}i_{MG2}}{r}i_o\eta_T = F_f + F_w + F_i + F_j \quad (8-6)$$

式中，k 为行星齿轮机构的特征参数。

通过采用此种结构，一方面可以提高汽车本身的最高车速，另一方面可以保证在车速较高时，电机依旧工作在效率相对较高的区间，但是缺少了转矩耦合的模式，仅依靠小功率的电机提供输出转矩会使整车的加速能力不足，在中低速情况下，若驾驶员希望快速提高车速，车辆很难给予较好的反馈。

这里综合考虑上述双电机驱动结构各自的优劣势，希望在控制成本的情况下，设计出一种结构简单，能够同时实现转矩耦合和转速耦合模式的系统，通过选择小功率的电机，使其在设定的工作范围内能够有较大的负载率，提高经济性。通过转矩耦合模式可以实现较好的加速性能，通过转速耦合模式可以实现更高的车速，整个系统可以根据不同的路况，在保证动力性的前提下，选择经济性最好的驱动模式。

8.2.3 双电机耦合结构节能优势分析

目前市场上的纯电动汽车大多采用单电机搭配单级减速器进行驱动，在设计电机性能参数时，需要考虑最高车速、最大爬坡度、加速度等动力因素，为了使整车获得良好的动力性，往往需要搭载较大功率的电机，而纯电动汽车大多作为人们日常生活的代步车，其主要工况基本是在良好的城市道路上行驶，这种情况下，大功率电机工作的负荷率较低，也就会出现一种"大马拉小车"的状况。研究表明，若电机负荷小于44%，通过小功率电机代替大功率电机可显著提高电机的工作效率。双电机驱动结构是使用两个功率较小的电机代替原先的大电机。在工作时，在对转矩需求不大的情况下，功率小的电机可单独驱动车辆行驶，较原先的驱动结构，由于电机的功率减小，转矩容量降低，那么电机的负荷率就会大大提高。此外，由于选择的两个电机往往不会相同，那么就会存在两个高效区，这样就能根据不同的路况选择不同的驱动电机，给汽车提供更多的在高效区工作的可能性，来实现提高经济性的目的。在对转矩需求较大的情况下，通过恰当的能量管理策略的制定，使两个电机能够分别在效率更高的区间工作，通过耦合机构进行动力耦合后满足整车的动力需求，以此来实现节能的目的。

从图8-4(a)中可以看出，每个电机都拥有各自的高效区，当驱动系统搭载的是单个大功率电机时，若车辆对转矩、转速要求不高时，电机负荷率很低，而搭载双电机结构时，可以通过电机2单独驱动车辆行驶，若电机2的功率不能满足性能要求，可使用电机1单独驱动，这样就能提高电机的负载率，来实现节能的目的。例如当行驶的工况需求为转矩30N·m、转速1000r/min时，单电机结构下的电机效率只有72%，而双电机结构下采用电机2驱动时，效率可以达到84%，效率差异非常明显。

当车辆需要进行急加速或者爬坡等操作时，此时需要较大转矩，可进行双电机驱动模式下的转矩耦合驱动操作，如图8-4(b)中所示，在进行了转矩耦合操作后，系统会增加一个高效区，这个区域能够很好地应用于这些大转矩的工况。例如当需要动力系统提供转矩 100N·m、转速 1000r/min 时，原本大功率电机的效率在 80% 附近，而双电机耦合驱动后，两电机的综合效率在 85% 附近，这表明在大转矩的工况下，此种结构也是可以提升经济性的。

在车辆需要进行高速运行的工况下，可通过选择双电机驱动模式下的转速耦合驱动，如图 8-4(c) 所示，在高速区域，两电机通过转速耦合，增加一个综合效率高的高速区域，也能保证车辆在高速运行时保持较高的效率。

因此，通过采用双电机耦合驱动系统，可有效提高驱动源的工作效率，从而增大整车的续驶里程，具有较好的节能潜力。

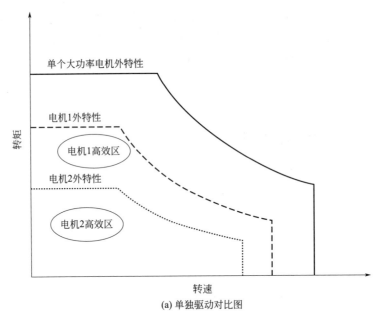

(a) 单独驱动对比图

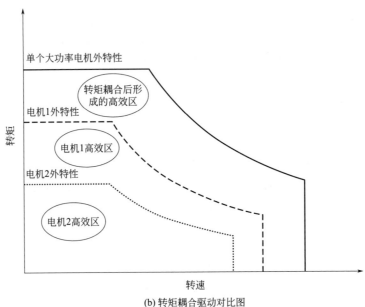

(b) 转矩耦合驱动对比图

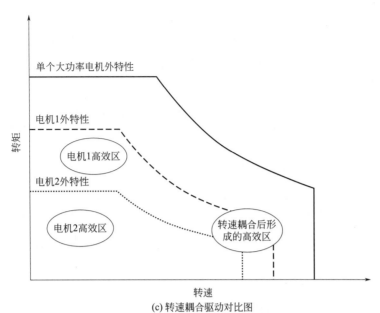

(c) 转速耦合驱动对比图

图 8-4 各类驱动模式的高效区

8.3 基于行星耦合系统的新型双电机驱动结构

如图 8-5 所示，两电机通过搭载一个可控的模式转换机构来实现工作模式

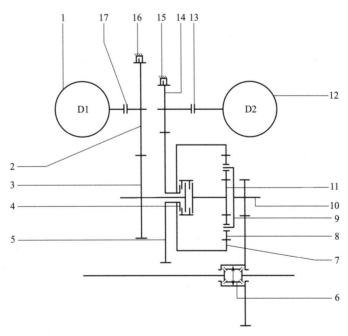

图 8-5 系统结构示意

1—电机1；2—1号传动齿轮；3—2号传动齿轮；4—模式转换机构；5—4号传动齿轮；6—差速器；7—齿圈；8—行星轮；9—行星架；10—输出轴；11—太阳轮；12—电机2；13—离合器2；14—3号传动齿轮；15—锁止器2；16—锁止器1；17—离合器1

第 8 章 双电机动力总成耦合控制　　145

的转变，经行星排齿轮机构实现动力的耦合与输出。

系统可实现电机 1 单独驱动、电机 2 单独驱动、两电机转矩耦合驱动和转速耦合驱动四种工作模式。模式转换机构有三种工作模式，对应三种位置，分别为左、中、右。表 8-1 为系统具体工作模式。

表 8-1 电机工作状态与工作模式

模式转换机构工作位置	电机 1 工作状态	电机 2 工作状态	工作模式
右	工作	不工作	电机 1 单独驱动
中	不工作	工作	电机 2 单独驱动
左	工作	工作	转矩耦合驱动
右	工作	工作	转速耦合驱动

8.3.1 电机独立驱动模式

电机独立驱动模式分为电机 1 独立驱动与电机 2 独立驱动。当电机 1 独立驱动时，此时电磁铁通电向右推动拨叉，使摩擦盘与右滚柱离合器外环接合，模式转换机构在右侧位置工作，电机 1 运行，电机 2 不运行，锁止器 2 锁止，电机 2 的输出轴自由度为 0，动力由电机 1 传递到 1、2 号传动齿轮，经过模式转换机构传递到太阳轮，由行星架将动力输出给差速器，动力传递路线如图 8-6 所示。当电机 2 独立驱动时，此时拨叉处于中间位置，左、右滚柱离合器均处于超越状态，模式转换机构在中间位置工作，电机 1 不运行，锁止器 1 锁止，电机 2 运行，动力经过齿圈传递给行星架，最后传递给差速器进行动力输出，动力传递路线如图 8-7 所示。

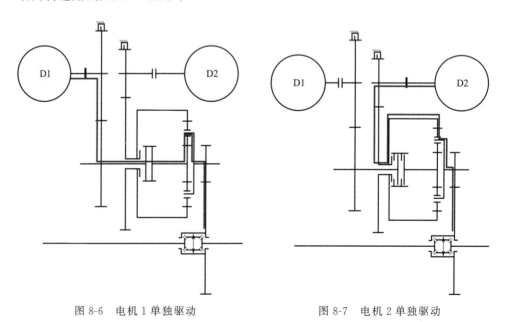

图 8-6 电机 1 单独驱动　　　　图 8-7 电机 2 单独驱动

当电机 1 单独运行时,动力由太阳轮输入,行星架输出,根据行星排的工作特性可知其作用是单级减速装置,起到减速增扭的作用,此种模式适用于低速大转矩的工况,转矩转速关系式为

$$n_{D1} = i_1(1+k)n_{pc} \tag{8-7}$$

$$T_{D1} = -\frac{1}{i_1(1+k)}T_{pc} \tag{8-8}$$

式中,n_{D1} 为电机 1 的转速;i_1 为 1 号齿轮传动比;T_{D1} 为电机 1 的转矩;n_{pc} 为行星架转速;T_{pc} 为行星架对行星轮的作用力矩。

当电机 2 单独运行时,动力由齿圈输入,行星架输出,根据行星排的工作特性可知此时传动比较小,此种模式适用于中等车速下,转矩需求较小的运行工况,转矩、转速关系式为

$$n_{D2} = \frac{i_2(1+k)}{k}n_{pc} \tag{8-9}$$

$$T_{D2} = -\frac{k}{i_2(1+k)}T_{pc} \tag{8-10}$$

式中,n_{D2} 为电机 2 的转速;i_2 为 3 号齿轮传动比;T_{D2} 为电机 2 的转矩。

8.3.2 电机联合驱动模式

电机联合驱动模式分为转矩耦合驱动和转速耦合驱动。当驱动系统为转矩耦合驱动时,电磁铁通电推动拨叉向左移动,使摩擦盘与左滚柱离合器外环接合,模式转换机构在左侧位置工作。电机 1 和电机 2 同时工作,电机 1 的动力经 1、2 号传动齿轮传递到模式转换机构,接着传递到齿圈,电机 2 的动力经 3 号齿轮传递给齿圈,两者经过动力耦合后输出到差速器,动力传递路线如图 8-8 所示。

当传动系统为转速耦合驱动时,转换机构工作在右侧位置,电机 1 与电机 2 同时运行,电机 1 的动力经过 1、2 号传动齿轮传递到太阳轮,电机 2 的动力经过 3 号齿轮传递到齿圈,两者动力通过行星排机构耦合后进行动力输出,动力传递路线如图 8-9 所示。

联合驱动模式下的两种工作模式本质上都属于转矩和转速的耦合,之所以分为转矩耦合驱动与转速耦合驱动是因为在转矩耦合驱动模式下,能够输出的转矩为电机 1 与电机 2 转矩的叠加,使传动系统能够输出更大的转矩,而转速耦合驱动模式下,是将电机 1 与电机 2 输出的转速叠加,使传动系统能够得到更大的转速。

在转矩耦合驱动模式下,两电机的动力都从齿圈输入,行星架输出,转速、转矩关系式为

$$\frac{k}{i_1(1+k)}n_{D1} = \frac{k}{i_2(1+k)}n_{D2} = n_{pc} \tag{8-11}$$

$$\frac{1+k}{k}i_1 T_{D1} + \frac{1+k}{k}i_2 T_{D2} = T_{pc} \tag{8-12}$$

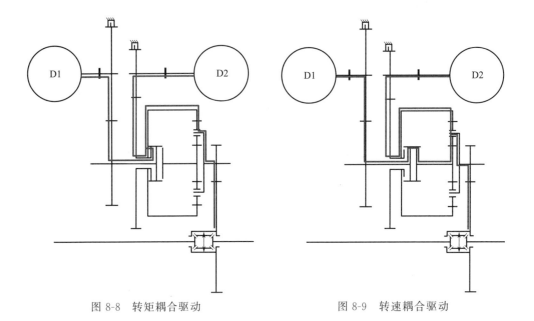

图 8-8 转矩耦合驱动　　　　　　图 8-9 转速耦合驱动

可以看出，在转矩耦合驱动模式下，电机 1 和电机 2 的转矩关系是耦合的，但是转速是解耦的，当汽车行驶在中等速度但对转矩需求比较大时，可以根据电机 1 和电机 2 各自的特性合理分配两者的输出转矩，使两电机都能在高效率区间工作，达到节能的效果。

在转速耦合驱动模式下，电机 1 的动力从太阳轮输入，电机 2 的动力从齿圈输入，通过行星排机构进行耦合，其转矩、转速关系式为

$$\frac{1}{1+k} \times \frac{1}{i_1} n_{D1} + \frac{k}{1+k} \times \frac{1}{i_2} n_{D2} = n_{pc} \tag{8-13}$$

$$\frac{T_{D1} i_1}{1} = \frac{T_{D2} i_2}{k} = \frac{T_{pc}}{1+k} \tag{8-14}$$

可以看出，在转速耦合驱动模式下，电机 1 和电机 2 的转速关系是耦合的，转矩关系是解耦的。当汽车行驶在高速工况时，该模式可通过合理分配两电机的转速使其满足行驶需求的同时，还能够使电机工作在各自的高效率区间，从而达到节能的效果。

驱动系统拥有四种不同的驱动模式，通过四种模式的协同工作，可应对汽车运行时不同的工况。电机 1、电机 2 由于取代了原先大功率电机，单独驱动时可有效提升电机的负载率，转矩耦合模式在中高速情况下可提供较强的动力，转速耦合模式能满足车辆高速行驶的要求。通过两个小功率电机代替大功率电机也可有效降低对电机性能的要求，减少电机生产和研发的成本，同时还能在整车制造成本变化不大的情况下，提供更多工作在高效率区间的可能，提高电机工作效率，从而提升经济性能。

8.4 双电机动力耦合系统控制策略

8.4.1 动力系统控制架构的分析

对于汽车动力系统的控制而言,主要分为驱动控制和制动控制两大策略。这里主要研究的是双电机结构的驱动控制,因此对于制动方面,考虑汽车能量时加入制动能量的回收。下面主要研究动力系统的驱动策略,整车的架构简图如图8-10所示。

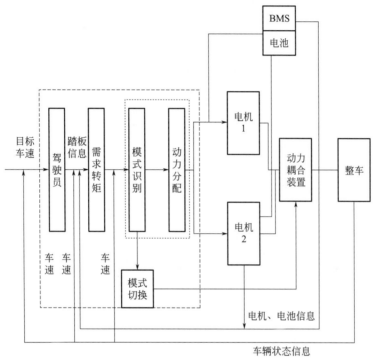

图 8-10 整车的架构简图

(1) 驾驶员模块

在搭建汽车仿真模型时,需要一个控制器控制车辆在规定的工况下行驶,在现实情况下,该行为由驾驶员代替。模糊控制的本质是一种非线性的控制,模型的决策是基于专家知识,根据模糊推理后完成的。

在驾驶汽车时,驾驶员主要通过对加速踏板进行操作,根据油门开度和开度变化率来反映驾驶意图,这里将其作为输入,通过例证法确定将三角形作为隶属度函数。将油门开度划分为五个模糊集合,即 NM、NS、0、PS、PM,其中 0 代表油门开度为 50%,隶属度函数如图 8-11 所示。将油门开度变化率划分为七个模糊集合,即 NB、NM、NS、0、PS、PM、PB,隶属度函数如图 8-12 所示。输出为修正因子,划分为七个模糊集合,即 NB、NM、NS、0、PS、PM、PB,隶属度函数如图 8-13 所示。

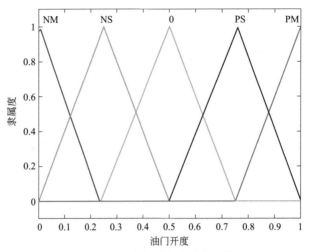

图 8-11 油门开度隶属度函数

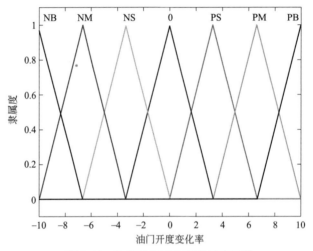

图 8-12 油门开度变化率隶属度函数

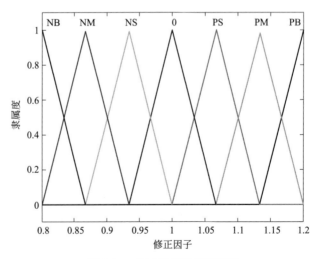

图 8-13 修正因子隶属度函数

根据 3000 个试验数据统计分析后,模糊规则如表 8-2 所示。

表 8-2 模糊规则表

油门开度	油门开度变化率						
	NB	NM	NS	0	PS	PM	PB
NM	0	0	0	0	PS	PM	PM
NS	NM	NM	NS	0	PS	PM	PM
0	NB	NM	NS	0	PS	PM	PB
PS	NB	NM	NS	0	PS	PM	PB
PM	NB	NB	NM	0	PM	PB	PB

图 8-14 所示为油门开度、油门开度变化率和修正因子的关系曲面。

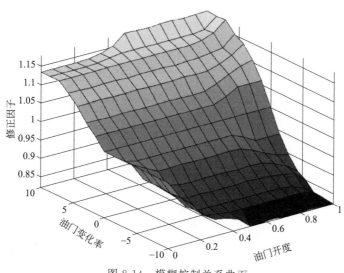

图 8-14 模糊控制关系曲面

(2) 需求转矩计算

需求转矩是汽车为达到驾驶员理想车速而需要的转矩,其值的大小由电机当前转速下的最大转矩和转矩载荷系数决定,关系式为

$$T_r = T_{\max\_v} L(\alpha) \tag{8-15}$$

式中,T_r 为需求转矩;$T_{\max\_v}$ 为当前车速下的最大转矩,$L(\alpha)$ 为转矩载荷系数。

$T_{\max\_v}$ 可通过电机外特性曲线获得,$L(\alpha)$ 通常与油门开度 α 成一次函数关系。该方法简单且能实现对输出转矩的实时控制。当油门开度为 0 时,转矩载荷系数均设置在 0.05,这主要是为了提供车辆蠕动时的转矩;当油门开度为 1 时,转矩载荷系数设置在 0.9,剩余的 0.1 是考虑需要突然加速的情况下留有的转矩补偿。

8.4.2 能量管理模块

驱动结构具有四种驱动模式，分别对应于不同的工况，根据当前的需求转矩和转速选择最合适的工作模式。确定了工作模式后，若选择的是电机1或者电机2单独驱动，那么可以直接进行动力输出；若选择的是转矩耦合模式，那么应该将需求转矩按照能量利用率最高的方式分配给两个电机；若选择的是转速耦合模式，那么应该将需求转速按照能量利用率最高的方式进行分配。

工作模式的选择是基于驱动系统消耗能量最小原则进行的，即在某一工况下，首先根据目标车速、油门开度、需求转矩等因素判断哪些工作模式能够满足要求，进行模式的初步筛选，然后计算每个工作模式下整车消耗的能量，选择最小能量消耗的模式作为工作模式。

在电机1单独驱动时，驱动系统的能量消耗可以表示为

$$E_1 = \frac{n_{D1} T_{D1}}{\eta_1 \eta_T} t = \frac{v(t) T(t)}{0.377 r \eta_1(t) \eta_T} t \tag{8-16}$$

式中，$T(t)$ 为当前车速下所需转矩，$\eta_1(t)$ 为电机1在所处工作点的效率，可通过查表得到。

在电机2单独工作时，同理也可以求得其能量消耗为

$$E_2 = \frac{n_{D2} T_{D2}}{\eta_2 \eta_T} t = \frac{v(t) T(t)}{0.377 r \eta_2(t) \eta_T} t \tag{8-17}$$

式中，$\eta_2(t)$ 为电机2在所处工作点的效率。

当驱动系统处于转矩耦合或转速耦合时，其能量消耗为电机1和电机2的能耗之和，表达式为

$$E_3 = \left(\frac{n_{D1} T_{D1}}{\eta_1} + \frac{n_{D2} T_{D2}}{\eta_2} \right) \frac{t}{\eta_T} \tag{8-18}$$

在进行耦合驱动时，关键是如何将车辆所需的转速、转矩合理分配给两个电机，使两者的综合效率最高。对于转矩耦合模式，首先根据需求转速判断是否超过两个电机的最高转速，如果是，则此模式失效；如果不是，那么首先分配给电机1转矩范围内的最大值，电机2的转矩利用式(8-10)计算所得，然后求出此时电机1和电机2的能量消耗。接着对电机1的转矩减小 ΔT，对电机2提高相应的转矩维持输出转矩，再计算出两个电机在这种转矩输出下的能量消耗。不断重复此方式的迭代，并比较所有情况下的能量消耗，即可获得在确定的工况下能量消耗最小的转矩组合方式。此方式的精度取决于 ΔT 的设定，若需要提高计算精度，可对 ΔT 的取值进行缩小。其流程如图8-15所示。

在转速耦合模式下，转矩关系是解耦的，因此需要考虑如何分配两个电机之间的转速，使系统能量消耗最低。首先根据车辆所需转矩判断是否大于电机最大转矩，如果是，则此模式失效；如果不是，则根据需求转矩可以求得两电机对应的最大转速。首先选取电机1最大转速下转速耦合驱动模式的能量消耗，然后每次减小电机1的转速 Δn，其取值可根据对精度要求不同选择不同的值。依次遍历所有的转速组合方式，求得最小的能量消耗。其流程如图8-16所示。

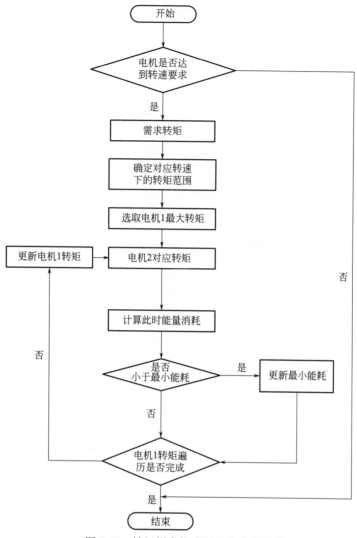

图 8-15 转矩耦合模式下动力分配流程

根据上述方法，可依次求得转矩耦合模式和转速耦合模式下每个工作点最优的转矩、转速分配，然后再与单电机驱动的两种模式对比，可求得汽车所有工作点中能耗最小的驱动方式。通过建立模式识别模型，将能量消耗最小的工作点输入到模型中，可得到识别结果，如图 8-17 所示。

根据上面的分析可知，为了能够获得消耗能量最小的工作模式，需要对每个工况点都进行四种驱动模式下的能耗计算，这会直接导致整车的控制器运算量大大增加，影响效率。为了降低计算量，提高运行效率和识别速度，应当预先计算出所有工况点的工作模式，求出各模式的边界线，拟合出其相应的函数表达式，将其作为工作模式转换的阈值存储到整车控制器中，这样便可得到基于最小能耗的模式切换策略，如图 8-18 所示。

根据车速和加速度选择合适的工作模式，可以使整车获得较高的工作效率，降低能量损耗。由图 8-18 可知，汽车的工作区域被线段①～⑤分成了四个部分。

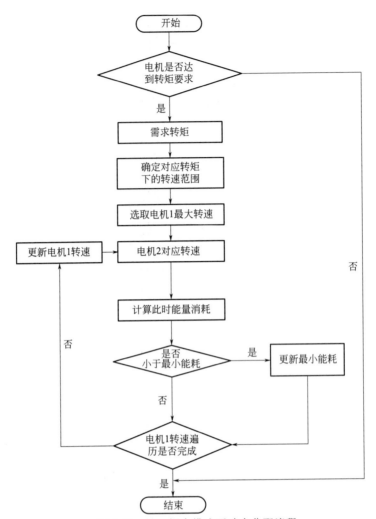

图 8-16 转速耦合模式下动力分配流程

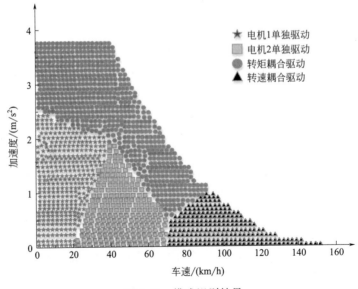

图 8-17 模式识别结果

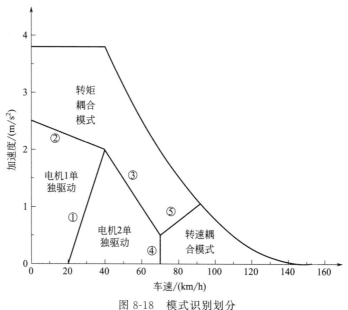

图 8-18 模式识别划分

8.5 基于能效的参数优化

对于汽车来说,动力性与经济性是同等重要但又相互矛盾的两个特性,优秀的动力性能够给驾驶员带来很好的驾驶体验,但同时又会导致电池较大的放电倍率,影响续驶里程。因此,这里采用遗传算法对传动系统参数进行优化。

8.5.1 遗传算法

遗传算法是模仿自然界生物进化机制发展起来的随机全局搜索的优化方法,是一类致力于优化复杂系统的搜索算法,具有较好的鲁棒性。和传统的一些优化方法相比,其优点如下。

① 遗传算法对需要优化的系统没有特殊要求,因此适用度极其广泛,这主要是因为遗传算法会对系统参数进行编码,处理的对象是经过编码后的个体。

② 遗传算法能够在更大程度上解出全局最优解,这是因为适应度大的个体拥有更优秀的基因,能够更好地适应环境,同样经过选择、交叉、变异后,产生的后代的适应性会更高。

③ 遗传算法对目标函数没有显、隐性的要求,也不要求一定是连续可求导的函数,此外,其函数的定义域还可以任意指定。

④ 遗传算法的运算速度快,其搜索方式是以种群为单位,同时搜索整个系统的多个区域,具有很好的并行性。

⑤ 由于遗传算法的本质简单而有效,因此遗传算法的编程简单易实现。

如今，遗传算法已广泛应用于航空航天、车辆交通、图像处理等多个领域。

遗传算法的算法流程如图 8-19 所示，首先是将问题的参数进行编码，一般采用二进制或者十进制编码，编码后的参数就变成了基因，将许多基因组合在一起之后就成为了个体，根据制定的目标函数对个体进行评价，采用选择、交叉、变异等方式重新组合，产生适应度更高的个体，不断重复上面的过程，经过多次迭代后，寻找到目标的最优解。

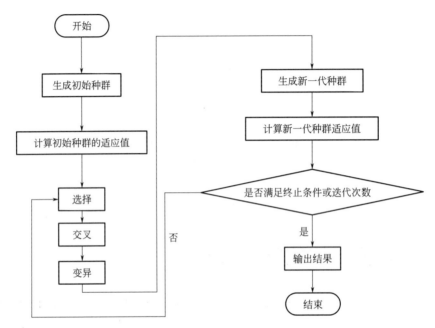

图 8-19　遗传算法流程

8.5.2　电机和传动系统参数的优化

(1) 优化变量的确定

由于整车的性能不仅与电机的参数有关，与行星排和齿轮的速比大小也有着重要的关系，因此这里将电机 1 和电机 2 的峰值功率、额定功率、额定转速、行星齿轮机构的特征参数、二级减速比以及两个电机分别连接的固定传动比作为优化变量，即

$$\begin{aligned}X &=[X_1,X_2,X_3,X_4,X_5,X_6,X_7,X_8,X_9,X_{10}] \\ &=[P_{\max 1},P_{e1},n_{e1},P_{\max 2},P_{e2},n_{e2},k,i,i_1,i_2]\end{aligned} \quad (8\text{-}19)$$

(2) 优化目标函数

这里以设计车型为研究对象，主要问题在于需要平衡整车的动力性和经济性，因此以百公里加速时间和最小能耗比为研究目标，建立目标函数，即

$$\min F(X)=[F(X)_t,F(X)_e] \quad (8\text{-}20)$$

式中，$F(X)_t$ 为汽车百公里加速时间的函数；$F(X)_e$ 为汽车最小能耗比的函数。

汽车百公里加速时间主要取决于整车的驱动力和行驶阻力,结合双电机结构,为了实现最小的百公里加速时间,按照工作模式的划分,系统首先应让电机 1 在其峰值转矩处工作,随着车速与转速的提升,当电机 1 所能提供的转矩下降至转矩耦合模式下所提供的转矩时,系统切换至转矩耦合驱动,若此时能够将汽车驱动至 100km/h,就保持这种模式,如果该模式下电机的最高转速也不能满足其要求,就需要再切换到转速耦合模式下进行驱动(图 8-20)。

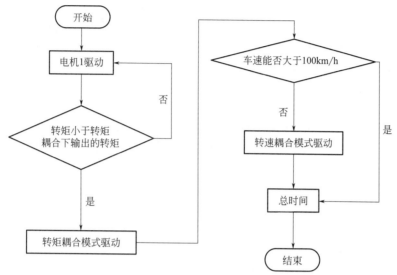

图 8-20 百公里加速时间的函数优化流程

针对这里所设计的车型,在转矩耦合模式下,行星排输出的最大转速可由式(8-7)计算得出,为 4047r/min,将其代入式(8-21),可以求得此时速度为 101km/h。

$$v = 0.377 \frac{n_{\mathrm{pc}} r}{i} \tag{8-21}$$

可以看出,就目前参数设计而言,转矩耦合模式下车速可以达到 100km/h 的要求。考虑到对参数进行优化时是首先保证动力性的,因此在对参数优化后有所改动,转矩耦合模式下是依旧能够完成百公里加速的。百公里的加速时间应满足式(8-22)。

$$t = \frac{1}{3.6} \int_0^{v_1} \frac{\delta M}{F_{\mathrm{t1}} - Mgf - \frac{C_{\mathrm{d}} A}{21.15} v^2} \mathrm{d}v + \int_{v_1}^{100} \frac{\delta M}{F_{\mathrm{t3}} - Mgf - \frac{C_{\mathrm{d}} A}{21.15} v^2} \mathrm{d}v$$

$$\tag{8-22}$$

式中,F_{t1} 为电机 1 单独驱动时提供给整车的最大驱动力;F_{t3} 为转矩耦合模式下提供给整车的驱动力。具体为

$$F_{\mathrm{t1}} = \begin{cases} 9550 \dfrac{\eta_{\mathrm{T}} P_1}{n_{\mathrm{e1}} r} i_1 i (1+k), & n \leqslant n_{\mathrm{e1}} \\ 9550 \dfrac{\eta_{\mathrm{T}} P_1}{n r} i_1 i (1+k), & n > n_{\mathrm{e1}} \end{cases} \tag{8-23}$$

$$F_{t3} = \begin{cases} 9550\eta_T \dfrac{1+k}{k} i\left(\dfrac{P_1}{n_{e1}r} + \dfrac{P_2}{n_{e2}r}\right) & n \leqslant n_{e2} < n_{e1} \\ 9550\eta_T \dfrac{1+k}{k} i\left(\dfrac{P_1}{n_{e1}r} + \dfrac{P_2}{nr}\right) & n_{e2} < n < n_{e1} \\ 9550\eta_T \dfrac{1+k}{k} i\left(\dfrac{P_1}{nr} + \dfrac{P_2}{nr}\right) & n_{e2} < n_{e1} \leqslant n \end{cases} \quad (8\text{-}24)$$

仅比较不同车型之间的能耗是没有意义的，因为各个车型之间各种参数都不尽相同，尤其是整车的重量，重量大的汽车能耗必定较高，重量小的汽车能耗必定较低，因此，为了有效地表示汽车的经济性，这里采用汽车单位车重在单位里程下的能耗比来反映汽车的经济性，即

$$F(X)_e = \frac{E}{Lm} \quad (8\text{-}25)$$

式中，E 为总能耗；L 为总里程。

这里选取国际上公认的 UDDS 工况作为测试工况，能耗比的目标函数可表示为

$$F(X)_e = \frac{\int_0^t \left[Mgf + \dfrac{C_dA}{21.15}v(t)^2 + \delta M \dfrac{dv}{3.6dt}\right] \dfrac{v(t)}{\eta_m(t)} dt}{LM\eta_T} \quad (8\text{-}26)$$

为了使数据更容易处理，在 UDDS 工况下，可对数据以 $\Delta t = 1\text{s}$ 进行离散化处理，因此式(8-26)可等价于式(8-27)。

$$F(X)_e = \frac{\sum_0^t \left[Mgf + \dfrac{C_dA}{21.15}v(t)^2 + \delta M \dfrac{dv}{3.6dt}\right] \dfrac{v(t)}{\eta_m(t)}}{3.6LM\eta_T} \quad (8\text{-}27)$$

(3) 约束条件

在进行参数优化时，仍然要保证优化后的参数不会对工作模式的制定产生影响，首先是电机 1 单独驱动时要满足起步的要求，转矩耦合时满足最大爬坡度要求，即

$$T_{max} > \frac{r}{\eta_T}\left(Mgf\cos\alpha + Mg\sin\alpha + \frac{C_dAv^2}{21.15}\right) \quad (8\text{-}28)$$

$$T_{1max} > \frac{r}{\eta_T}\left(Mgf + \delta M \frac{dv}{dt} + \frac{C_dAv^2}{21.15}\right) \quad (8\text{-}29)$$

考虑到成本因素，在选择电机时要求其转速分别满足式(8-30)和式(8-31)。

$$n_{1max} \leqslant 10000\text{r/min} \quad (8\text{-}30)$$

$$n_{2max} \leqslant 10000\text{r/min} \quad (8\text{-}31)$$

为了保证机械结构的传动效率，根据机械设计手册可知行星齿轮机构的特征参数的范围应在 2～4 之间。此外，为了避免优化参数的结果为局部最优解而导致无意义，因此要在初步匹配的基础上设定一些边界范围，使优化结果有效，具体见式(8-32)～式(8-37)。

$$P_{max1} + P_{max2} \geqslant 67\text{kW} \quad (8\text{-}32)$$

$$30\text{kW} < P_{max1} < 60\text{kW} \quad (8\text{-}33)$$

$$15\text{kW} < P_{\text{max}2} < 40\text{kW} \tag{8-34}$$

$$i_1 \geqslant 1 \tag{8-35}$$

$$i_2 \geqslant 1 \tag{8-36}$$

$$i \geqslant 1 \tag{8-37}$$

8.5.3 基于遗传算法模型求解

(1) 编码

这里的优化模型中，需要进行优化的变量一共有 10 个，即需要在模型中设置编码串的个数为 10。

(2) 确定种群规模

种群规模的大小对整个算法的运行效率至关重要，若种群规模设置较大，种群的多样性就能得到满足，但同时会导致整个算法效率很低；若种群规模设置较小，可较大程度地提高算法的效率，但是多样性的减少会导致数据的早熟，亦即得不到理想的优化结果。因此，选择种群规模为 50。

(3) 种群初始化

在设置种群初始化时，为了确保种群的多样性，应在允许的范围内，尽量扩大个体间的距离，同时还应尽可能保证最优解或者非劣解的个体处于初始化种群中，这样可以有效提高算法的效率，减少出现局部最优的情况。

(4) 选择

在生物遗传过程中，对环境适应度更高的物种往往拥有更大的遗传概率，适应度较低的个体就可能在下一代被淘汰。遗传算法中的选择操作，就是根据设定的规则从上一代的种群中选择优良的个体使其基因遗传到下一代种群中，或者通过交叉变异的操作将优良的基因遗传到下一代中。选择将历代种群中适应度最高的个体都记录下来，保证可以得出最优解。

(5) 交叉

交叉又可称为基因重组，是根据设定的规则进行基因互换，从而产生新的个体的操作，这也是遗传算法与其余进化类策略的主要区别。交叉概率的设定也需要合理设置，若设置过大会导致优良的遗传被破坏，若设置过小则会减慢新个体的产生速度。一般设置在 0.4~0.9 之间，选择交叉概率为 0.7。

(6) 变异

变异是指在进化过程中，因为偶然因素产生了新的染色体，尽管这种可能性非常小，但是这个操作也是新物种产生的关键因素。通过变异操作可有效避免早熟现象，改善局部搜索的能力。变异概率的设置也需在合理范围内，一般在 0.001~0.1 之间，选择变异概率为 0.01。

(7) 终止条件

在遗传算法中，终止条件一般是指达到了最大进化代数，一般取值在 100~1000 之间，设定遗传代数为 200。

主程序：

```
popsize=50;
chromlength=10;
pc=0.7;
pm=0.01;
pop=initpop(popsize,chromlength);
for i=1:200
    [objvalue]=calobjvalue(pop);
    fitvalue=calfitvalue(objvalue);
    [newpop]=selection(pop,fitvalue);
    [newpop1]=crossover(newpop,pc);
    [newpop2]=mutation(newpop1,pm);
    [objvalue]=calobjvalue(newpop2);
    fitvalue=calfitvalue(objvalue);
    [bestindividual,bestfit]=best(newpop2,fitvalue);
    y(i)=bestfit;
    x(i)=decodechrom(bestindividual,1,chromlength)*10/1023;
    pop=newpop2;
end
```

选择段的程序：

```
function [newpop]=selection(pop,fitvalue)
totalfit=sum(fitvalue);
fitvalue=fitvalue/totalfit;
fitvalue=cumsum(fitvalue);
[px,py]=size(pop);
ms=sort(rand(px,1));
fitin=1;
newin=1;
while newin<=px
    if(ms(newin))<fitvalue(fitin)
        newpop(newin,:)=pop(fitin,:);
        newin=newin+1;
    else
        fitin=fitin+1;
    end
end
```

交叉段的程序：

```
function [newpop]=crossover(pop,pc)
[px,py]=size(pop);
newpop=ones(size(pop));
for i=1:2:px-1
```

```
            if(rand<pc)
                    cpoint=round(rand*py);
                    newpop(i,:)=[pop(i,1:cpoint),pop(i+1,cpoint+1:py)];
                    newpop(i+1,:)=[pop(i+1,1:cpoint),pop(i,cpoint+1:py)];
            else
                    newpop(1,:)=pop(i,:);
                    newpop(i+1,:)=pop(i+1,:);
            end
    end
```

变异段的程序：

```
function [newpop]=mutation(pop,pm)
[px,py]=size(pop);
newpop=ones(size(pop));
for i=1:px
        if(rand<pm)
                mpoint=round(rand*py);
                if mpoint<=0
                    mpoint=1;
                end
                newpop(i,:)=pop(i,:);
                if any(newpop(i,mpoint))==0
                        newpop(i,mpoint)=1;
                else
                        newpop(i,mpoint)=0;
                end
        else
                newpop(i,:)=pop(i,:);
        end
    end
```

在完成遗传算法的流程后，可获得优化后的传动系统的参数。

在采用了遗传算法对动力传动系统结构参数进行优化后，汽车的加速性和经济性均得到一定程度的提升。不仅整车的加速能力获得提升，整车的最高车速也获得了提升，与此同时，在一个UDDS循环工况下，电池所余电量也获得提升。

第 9 章

无离合两挡AMT控制的优化

9.1 无离合器的两挡AMT工作原理
9.2 两挡AMT换挡过程动力学模型
9.3 换挡过程控制策略
9.4 换挡过程评价指标
9.5 换挡过程品质优化

在传统内燃机汽车的变速器系统中，离合器的使用不仅可以使车辆正常起步，也保证了换挡过程的平顺性，但是会增加换挡时间，影响汽车动力延续。在纯电动汽车中，驱动电机的低速大转矩特性能直接启动汽车，故可以在传动系统中取消离合器，组成驱动电机-无离合器的两挡 AMT 集成驱动系统。由于在换挡过程增加了驱动电机的主动控制，使无离合器两挡 AMT 的换挡控制变得复杂，所以需要分析驱动系统结构特性，协调控制驱动电机与换挡机构，减少换挡时间与换挡过程冲击度。

9.1 无离合器的两挡 AMT 工作原理

9.1.1 两挡 AMT 结构

图 9-1 所示为无离合器两挡 AMT 结构，主要由驱动电机、一挡与二挡传动齿轮、同步器、换挡机构、主减速器、差速器组成。通过同步器的移动带动接合套与挡位齿圈接合来实现挡位的切换。

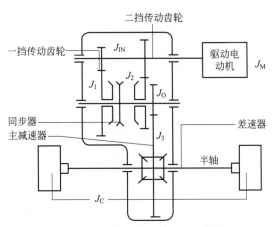

图 9-1 无离合器两挡 AMT 结构

J_M—驱动电机转动惯量；J_{IN}—变速器输入轴转动惯量；J_1、J_2——、二挡齿轮转动惯量；
J_O—主减速器转动惯量；J_3—差速器转动惯量；J_C—整车转动惯量

图 9-2、图 9-3 所示分别为一、二挡动力传递路线。可以看出，当接合套与一挡齿轮啮合时为一挡驱动，驱动力从电机输出经一挡齿轮、接合套、主减速器、差速器经半轴输出到车轮。同理二挡驱动时，动力传递路线与一挡类似。

9.1.2 两挡 AMT 换挡机构

图 9-4 所示为换挡执行机构，无离合器两挡 AMT 只有一挡与二挡。换挡执行机构应尽量结构简单、控制方便、充分利用布置空间。换挡执行机构由接合

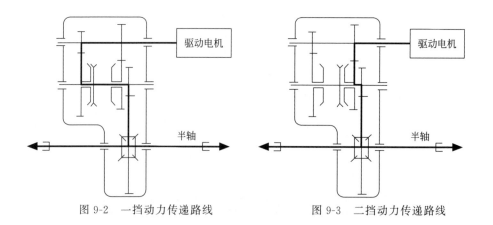

图 9-2 一挡动力传递路线　　　　图 9-3 二挡动力传递路线

套、换挡拨叉、换挡杆、凸轮轴、蜗轮、蜗杆与换挡电机组成。换挡电机输出的动力经过蜗轮蜗杆机构传至凸轮轴，带动凸轮轴旋转，换挡拨叉嵌入凸轮轴的螺旋凹槽内，从而带动换挡拨叉在换挡杆上运动，推动接合套、同步器工作，完成换挡。

图 9-4 换挡执行机构

同步器是无离合器两挡 AMT 换挡的主要机构，这种换挡方式可以有效地减少换挡动力中断时间，快速平稳地换挡，同时结构简单，减轻了重量、降低了成本。

图 9-5 所示为无离合器两挡 AMT 换挡机构中同步器的结构，组成部件有接合套、滑块、花键毂、同步环、接合齿圈等。无离合器两挡 AMT 的同步器工作过程为，开始时在换挡拨叉的推动下，接合套在轴向上运动，压迫定位销带动滑块向同步环运动，当滑块与同步环端面接触时，通过花键毂与同步环的凸起接合使其转速相同，一起向接合齿圈移动，同步环会首先接触接合齿圈，通过接触面的摩擦转矩使同步环与接合齿圈的转速逐步接近，此时同步环停止轴向运动，接合套在换挡拨叉的作用下克服定位销的阻力继续轴向运动，直至与接合齿圈啮合完成换挡。

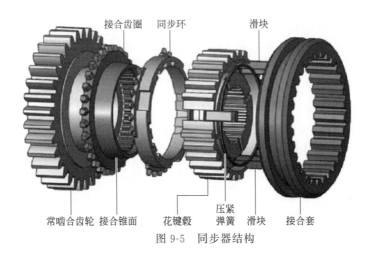

图 9-5 同步器结构

9.2 两挡 AMT 换挡过程动力学模型

由于这里采用的是两挡 AMT，纯电动汽车在实际道路的加速、减速过程中只有升挡或降挡两种工况，而换挡过程需要考虑驱动电机的转速模式、自由模式、转矩模式，以及换挡电机控制的接合套与接合齿圈的啮合状态。

无离合器的两挡 AMT 在换挡时需要驱动电机与换挡执行机构相互协调控制，结合上面所述的同步器换挡工作过程，将换挡过程详细地分为驱动电机转矩清零阶段、换挡电机摘挡阶段、驱动电机主动调速阶段、接合套向同步环运动阶段、接合套与同步环向目标挡位齿圈运动阶段、同步环开始同步阶段、同步环完全同步阶段、换挡电机挂挡阶段、驱动电机转矩恢复阶段。

以无离合器两挡 AMT 的升挡过程为研究对象，降挡过程类似。

9.2.1 驱动电机转矩清零阶段

载荷清零阶段，在整车控制器判断到达换挡条件时，驱动电机接收到电机控制器的换挡指令，进入电机转矩模式控制输出转矩快速下降为零，然后进入电机自由模式。此时换挡电机同时开始工作，进入凸轮轴的空行程阶段，控制换挡拨叉不能使接合套与一挡齿轮分离。当驱动电机输出转矩为零时，换挡电机应立即进入驱动电机转矩清零阶段。卸载阶段需要驱动电机与换挡执行机构的协调控制。此时两挡离合器内部的各部件的转速关系如式 (9-1) 所示。

$$\begin{cases} \omega_1 = \omega_{to} = \omega_{js} = \dfrac{\omega_m}{i_1} \\ \omega_2 = \dfrac{\omega_m}{i_2} \\ v_{js} = 0 \end{cases} \tag{9-1}$$

式中，ω_1、ω_2 分别为一、二挡传动齿轮转速；ω_m 为驱动电机转速；ω_{to} 为两挡 AMT 输出轴转速；ω_{js}、v_{js} 分别为接合套转速和轴向速度。

卸载阶段动力驱动系统各组件的转动惯量关系如式(9-2) 和式(9-3) 所示。

$$J_{Z1}=i_1^2(J_m+J_{ti})+J_1+\frac{i_1^2}{i_2^2}J_2 \tag{9-2}$$

式中，J_m 为驱动电机转动惯量；J_{ti} 为两挡 AMT 输入轴转动惯量；J_1、J_2、i_1、i_2 分别为一、二挡传动齿轮转动惯量与传动比；J_{Z1} 为从驱动电机到两挡传动齿轮动力输出路线各组件的转动惯量。

$$\begin{cases} J_{Z2}=J_{js}+J_{sr}+J_o+J_h+\dfrac{J_w}{i_o^2}+\dfrac{J_v}{i_o^2} \\ J_v=mr_w^2 \end{cases} \tag{9-3}$$

式中，J_{js}、J_{sr} 分别为接合套与同步环的转动惯量；J_o、J_h 分别为主减速器与半轴的转动惯量；J_w、J_v 分别为车轮与整车至车轮等效转动惯量；J_{Z2} 为动力从接合套同步环传递到整车的各组件的转动惯量；i_o 为主减速器速比；r_w 为车轮半径。

在卸载阶段动力学关系如式(9-4) 所示。

$$\begin{cases} (J_{Z1}+J_{Z2})\alpha_{to}=T_m i_1-\dfrac{T_f}{i_o} \\ F_s=0 \\ T_f=F_f r_w \end{cases} \tag{9-4}$$

式中，T_m、T_f 分别为驱动电机转矩、车辆阻力矩；F_s、F_f 分别为换挡电机换挡力与车辆行驶阻力。

9.2.2 换挡电机摘挡阶段

当驱动电机转矩清零时，进入摘挡阶段，此时驱动电机进入自由模式，没有转矩输出，换挡电机带动凸轮轴旋转，推动换挡拨叉移出凹槽的竖直空行程进入挡坡，给接合套施加换挡力，使接合套与一挡齿圈分离，此时离合器处于空挡状态，动力传递开始中断，完成摘挡。其动力学关系如式(9-5) 所示。

$$\begin{cases} (J_{Z1}+J_{Z2})\alpha_{to}=T_m i_1-\dfrac{T_f}{i_o} \\ m_{js}a_{js}=F_s-F_{fd} \\ F_{fd}=\mu_1 n f_{fd} \end{cases} \tag{9-5}$$

式中，m_{js}、a_{js} 分别为接合套的质量与轴向加速度；α_{to} 为两挡 AMT 输出轴角加速度；F_{fd} 为当前挡位齿圈与接合套间的摩擦力；f_{fd} 为每个齿的切向力；n 为接合套齿数；μ_1 为当前挡位齿圈与接合套间摩擦因数。

$$J_{Z2}\alpha_{to}=nf_{fd}r_g-\dfrac{T_f}{i_o} \tag{9-6}$$

式中，r_g 为齿圈分度圆半径。

结合式(9-5) 与式(9-6) 可得

$$F_{fd} = \mu_1 \frac{T_m i_1 J_{Z2} + \frac{T_f}{i_o} J_{Z1}}{(J_{Z1} + J_{Z2}) r_g} \tag{9-7}$$

9.2.3 驱动电机主动调速阶段

当驱动电机处于主动调速阶段时，换挡电机带动拨叉开始进入空挡空行程，保证换挡电机处在工作状态，这样可以减少换挡电机的启停时间，同时要使在驱动电机完成主动调速前接合套处于空挡状态，驱动电机进入转速模式，通过控制驱动电机输出转速使一挡齿轮的齿圈转速与接合套的转速达到转速差范围内。

$$\begin{cases} J_{Zm} \alpha_m = T_m \\ F_s = 0 \\ J_{Z2} \alpha_{to} = -\frac{T_f}{i_o} \\ J_{Zm} = J_m + J_{ti} + \frac{J_1}{i_1^2} + \frac{J_2}{i_2^2} \end{cases} \tag{9-8}$$

式中，J_{Zm} 为驱动电机调节目标挡位齿圈转速时的等效转动惯量；α_m 为电机轴角加速度。

$$\begin{aligned} v_{js} &= 0 \\ \omega_1 &= \frac{\omega_m}{i_1}, \quad \omega_2 = \frac{\omega_m}{i_2} \end{aligned} \tag{9-9}$$

9.2.4 接合套向同步环运动阶段

此时，换挡电机带动拨叉移出空挡空行程，提供换挡力推动接合套轴向运动，压迫定位销带动滑块向同步环运动，直至到达同步环端面。

$$\begin{cases} J_{Zm} \alpha_m = T_m \\ J_{Z2} \alpha_{to} = -\frac{T_f}{i_o} \\ F_s = (m_{js} + m_s + m_{sh}) a_{js} \end{cases} \tag{9-10}$$

式中，m_{js}、m_s、m_{sh} 分别为接合套、滑块与花键毂的质量。

9.2.5 接合套与同步环向目标挡位齿圈运动阶段

当接合套推动滑块与同步环端面接触后，在换挡力的作用下继续向目标挡位的齿圈轴向运动，直到同步环的内锥面与目标挡位齿圈的外锥面接触。

$$\begin{cases} J_{Zm}\alpha_m = T_m \\ J_{Z2}\alpha_{to} = -\dfrac{T_f}{i_o} \\ F_s = (m_{js} + m_s + m_{sh} + m_{sr})a_{js} \end{cases} \quad (9\text{-}11)$$

式中，m_{sr} 为同步环质量。

9.2.6 同步环开始同步阶段

在此阶段，在滑块推力下同步环内锥面与目标挡位齿圈的外锥面接触，会产生一个摩擦力 F_{sr} 与转矩 T_{fr}，直到接合套与同步环齿端倒角接触，而滑块与同步环停止移动。图9-6 所示为滑块受力分析。

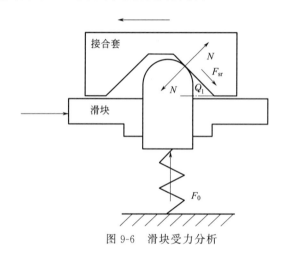

图 9-6 滑块受力分析

动力学关系为

$$\begin{cases} F_{sr} = F_0 \sin\theta_1 \\ T_{fr} = \dfrac{\mu_2 F_{sr} r_m}{\sin\theta_2} \end{cases} \quad (9\text{-}12)$$

式中，F_0 为定位销弹簧压力；θ_1 为接合套内表面角度；μ_2 为目标挡位齿圈锥面与同步环锥面的摩擦因数；r_m 为锥面半径；θ_2 为锥面倾斜角度。

预同步阶段动力学关系为

$$\begin{cases} J_{Zm}\alpha_m = T_m - \dfrac{T_{fr}}{i_2} \\ J_{Z2}\alpha_{to} = T_{fr} - \dfrac{T_f}{i_o} \\ m_{js}a_{js} = F_s - F_{sr} \end{cases} \quad (9\text{-}13)$$

9.2.7 同步环完全同步阶段

换挡拨叉产生的换挡力都用来推动同步环产生摩擦转矩 T_{fs}，使同步环与目标挡位齿圈的转速快速接近，到达接合套可以与目标挡位齿圈相结合的状态。

$$T_{fs}=\frac{\mu_2 F_s r_m}{\sin\theta_2} \tag{9-14}$$

同步阶段动力学关系为

$$\begin{cases} J_{Zm}\alpha_m = T_m - \dfrac{T_{fs}}{i_2} \\ J_{Z2}\alpha_{to} = T_{fs} - \dfrac{T_f}{i_o} \\ v_{js}=0, a_{js}=0 \end{cases} \tag{9-15}$$

9.2.8 换挡电机挂挡阶段

在同步器完成接合套与目标挡位齿圈转速同步后，驱动电机结束转速模式再次切换到自由模式，换挡电机带动拨叉移出凸轮轴凹槽的空挡空行程继续带动接合套轴向运动，越过同步环与二挡齿轮齿圈结合，完成升挡。

$$\begin{cases} (J_{Z1}+J_{Z2})\alpha_{to} = T_m i_2 - \dfrac{T_f}{i_o} \\ m_{js}a_{js} = F_s - F_{fd} \end{cases} \tag{9-16}$$

$$F_{fd}=\mu_1 \frac{T_m i_1 J_{Z2} + \dfrac{T_f}{i_o}J_{Z1}}{(J_{Z1}+J_{Z2})r_g} \tag{9-17}$$

9.2.9 驱动电机转矩恢复阶段

在驱动电机转矩恢复阶段，换挡电机完成挡位的切换后进入最后一段空行程，驱动电机结束自由模式更换为转矩模式，进行转矩的加载恢复，动力中断结束，此时变速器完成整个换挡过程。

$$\begin{cases} \omega_2 = \omega_{to} = \omega_{js} = \dfrac{\omega_m}{i_2} \\ v_{js}=0 \\ J'_{Z1} = i_2^2(J_m+J_{ti}) + J_2 + \dfrac{i_2^2}{i_1^2}J_1 \end{cases} \tag{9-18}$$

J'_{Z1} 为驱动电机扭矩恢复阶段从驱动电机到两挡传动齿轮动力输出路线各组件的转动惯量。

驱动电机转矩恢复阶段动力学关系为

$$\begin{cases} (J_{Z2}+J'_{Z1})\omega_{to} = T_m i_2 - \dfrac{T_f}{i_o} \\ F_s=0 \end{cases} \tag{9-19}$$

9.3 换挡过程控制策略

综上所述，无离合器两挡 AMT 的换挡控制策略需要协调控制驱动电机与换挡执行机构。驱动电机的转速、自由模式、转矩模式与接合套、同步环、接合齿圈轴向运动的相互配合来缩短换挡时间，降低换挡冲击度，减少换挡滑摩功。图 9-7 所示为无离合器两挡 AMT 换挡过程控制流程。

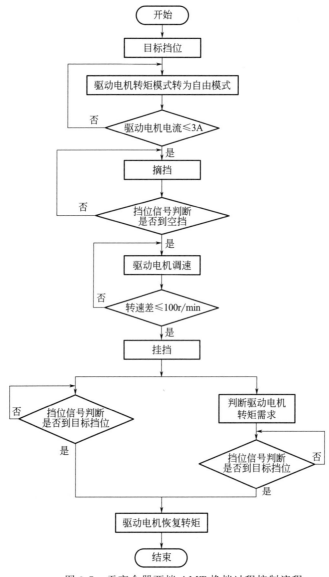

图 9-7　无离合器两挡 AMT 换挡过程控制流程

9.4 换挡过程评价指标

无离合器两挡 AMT 的换挡平顺性是由换挡控制机构即驱动电机与换挡电机在换挡过程中协调控制的完善程度决定的。换挡品质是评价换挡平顺性和舒适性的重要性能指标，是指在保证汽车动力性和不损坏传动系统的前提下，使车辆能平稳快速且无冲击或者冲击尽可能小地完成换挡过程的能力。

9.4.1 换挡时间指标

换挡时间指标是指在整车控制器发出换挡指令，电机控制器与变速器控制器控制驱动电机与换挡电机协调配合完成挡位切换的整个过程所花费的时间，主要包括驱动电机转矩清零时间 t_1、换挡电机摘挡时间 t_2、驱动电机主动调速时间 t_3、同步环同步时间 t_4、换挡电机挂挡时间 t_5、驱动电机转矩恢复时间 t_6，即

$$t = t_1 + t_2 + t_3 + t_4 + t_5 + t_6 \tag{9-20}$$

驱动电机转矩清零阶段所用的时间与电机在这个过程中转矩的变化密切相关，同时转矩清零的速度还要受到相关冲击度的影响。驱动电机的转矩恢复时间与转矩清零时间类似，即

$$t_1 = t_6 = \frac{\Delta T i_n \eta_T}{jrm} \tag{9-21}$$

式中，ΔT 为转矩清零或恢复阶段驱动电机转矩变化量；j 为冲击度约束；r 为滚动半径；i_n 为摘挡或挂挡的速比；m 为汽车质量。

换挡电机摘挡时间与换挡电机的性能相关，为了缩短换挡时间，应使换挡电机在极限工况下运行，换挡电机挂挡阶段与之类似，即

$$t_2 = t_5 = t(P_{\max}, \theta, i) \tag{9-22}$$

式中，$P_{\max}$ 为换挡电机最大功率；θ 为凸轮轴凹槽角度；i 为换挡机构传动比。由此可知，在确定了换挡电机与其传动机构后，t_2、t_5 基本不变。

驱动电机主动调速阶段可以使目标挡位齿圈的转速与同步环和接合套的转速快速接近，转速差 Δn 和调速时间分别为

$$\begin{cases} \Delta n = \dfrac{v_n i_o (i_n - i_{n\pm 1})}{0.377 r} \\ t_3 = t(\Delta n) \end{cases} \tag{9-23}$$

式中，v_n 为当前车速。

经过电机主动调速后，目标挡位齿圈与同步环锥面进行滑摩，对剩下的转速差消除，快速地达成完全同步。

$$t_4 = \frac{J_{Z1} \Delta \omega}{T_{fs}} \tag{9-24}$$

式中，J_{Z1} 为同步器主动部分（目标挡位齿圈）的等效惯量；$\Delta\omega$ 为同步环主、从部分转速差；T_{fs} 同步环摩擦转矩。

在换挡过程中需要对换挡时间进行控制，实现快速平稳的换挡，减少纯电动汽车的动力输出中断时间，然而换挡时间与冲击度成反相关，换挡时间越小，冲击度会越大，因此应合理控制，使两项指标都能达到满意的效果。

9.4.2 冲击度指标

冲击度指标是驾驶员感知最明显的换挡品质指标，直接影响车辆的平顺性与舒适性。冲击度主要由两方面形成，一是驱动电机转矩清零与转矩恢复阶段的冲击度，二是同步环运动与滑摩过程中的冲击度，即

$$\begin{cases} j_1 = \dfrac{r\mathrm{d}\left(T_m i_n - \dfrac{T_f}{i_o}\right)}{J_{Z1} i_o \mathrm{d}t} = \dfrac{r i_n}{J_{Z1} i_o} \times \dfrac{\mathrm{d}T_m}{\mathrm{d}t} \\ j_2 = \dfrac{r\mathrm{d}\left(T_{fs} - \dfrac{T_f}{i_o}\right)}{J_{Z2} i_o \mathrm{d}t} = \dfrac{r}{J_{Z2} i_o} \times \dfrac{\mathrm{d}T_{fs}}{\mathrm{d}t} \end{cases} \quad (9\text{-}25)$$

可以看出，冲击度与驱动电机输出的转矩和同步环摩擦锥面的摩擦转矩相关，可以通过对驱动电机与换挡电机的协调控制来抑制换挡冲击度，使车速过渡平稳，避免颠簸与冲击，提高乘坐舒适性，延长机件寿命。

9.4.3 滑摩功指标

无离合器两挡 AMT 在换挡过程中，同步环的内锥面与目标挡位齿圈的外锥面接触时因转速不同产生滑摩，通常用滑摩功来表征同步环的发热情况。滑摩功太大，会减少同步环的寿命，需要对其进行控制。

$$W = \int_0^{t_4} T_{fs}(t) |\omega_{sr} - \omega_{jr}| \mathrm{d}t \quad (9\text{-}26)$$

式中，ω_{sr}、ω_{jr} 分别为同步环、目标挡位接合齿圈的角速度。

9.5 换挡过程品质优化

9.5.1 优化目标函数

这里采用 MATLAB 粒子群优化算法对换挡品质进行优化，根据换挡过程评价指标的分析，选择换挡冲击度与滑摩功作为优化变量，因为换挡时间的大小会被冲击度和滑摩功所约束，在换挡过程中控制冲击度与滑摩功，可以

保证车辆换挡的平顺性和舒适度以及同步环的寿命。而滑摩功与冲击度是相互制约的优化变量，因此为使两项基础指标都能达到满意效果，在换挡过程中必须进行有效的控制，添加加权系数，制定了综合换挡品质优化目标函数。

$$f_{\min} = \lambda_1 W + \lambda_2 \sum_0^t j^2(i) \tag{9-27}$$

式中，λ_1 为滑摩功的系数，$\lambda_1 > 0$；λ_2 为冲击度的系数，$\lambda_1 + \lambda_2 = 1$；$W$ 为滑摩功；$j(i)$ 为第 i 时刻的换挡冲击度，式中采用平方和的形式消除了正负值的影响。

通过加权系数 λ_1、λ_2 确定了换挡冲击度与滑摩功两项指标在综合评价指标中所占的比例，根据实际要求可以进行适度的调整，使优化目标有所偏向。

9.5.2 PSO算法目标转矩寻优过程

(1) PSO算法过程

设由 m 个粒子组成的群体在一个 D 维的搜索空间中，分别以一定的速度飞行，每个粒子的飞行速度根据个体最优位置和群体的最优位置不断调整，每个粒子的位置就是一个潜在的解。第 i 个粒子的位置表示为 $x_i = (x_{i1}, x_{i2}, \cdots, x_{id})$，$1 \leq i \leq m$，$1 \leq d \leq D$，其速度为 $v_i = (v_{i1}, v_{i2}, \cdots, v_{id})$，第 i 个粒子当前搜索到的最优位置为 $p_i = (p_{i1}, p_{i2}, \cdots, p_{id})$，群体当前搜索到的最优位置为 $p_g = (p_{g1}, p_{g2}, \cdots, p_{gd})$，则粒子的位置和速度根据式(9-28)变化。

$$v_{id}^{t+1} = v_{id}^t + c_1 r_1 (p_{id}^t - x_{id}^t) + c_2 r_2 (p_{gd}^t - x_{id}^t) \tag{9-28}$$

$$x_{id}^{t+1} = x_{id}^t + v_{id}^{t+1} \tag{9-29}$$

式中，学习因子 c_1、c_2 为非负常数，c_1 用于调整个体最优位置，c_2 用于调整群体最优位置；r_1、r_2 为两个相互独立的随机数，服从 (0, 1) 上的均匀分布，作用是增加搜索的随机性；$v_{id} \in [-v_{\min}, v_{\max}]$，$v_{\max}$ 为常数，由用户设定。

式(8-28)主要由三部分构成：第一部分表示粒子现有速度的影响；第二部分表示粒子基于对本身状态的判断决定下一步的飞行情况，使粒子具有全局搜索能力；第三部分反映粒子间的信息共享与相互合作。终止条件通常为达到最大迭代次数或达到了足够好的适应值。

PSO算法流程如图9-8所示。

(2) 转矩优化的等价变换

PSO算法往往用来解决参数优化问题，无法对电机输出转矩 T_m 和同步环摩擦转矩的时间曲线进行优化计算，所以需要对相应的目标转矩进行适当变换，转化成PSO算法可以计算的形式。采用傅里叶级数的形式进行相应的变换，在确保计算可靠性的前提下，取前24项傅里叶函数对目标转矩进行分解，则电机输出转矩 T_m 分解为

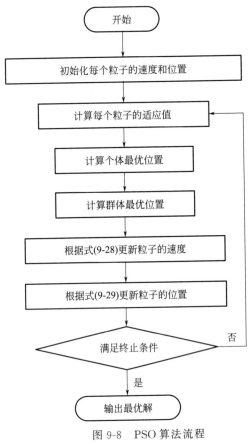

图 9-8 PSO 算法流程

$$T_m = \alpha_0 f_0(t) + \alpha_1 f_1(t) + \cdots + \alpha_{23} f_{23}(t) = \sum_0^{23} \alpha_n f_n(t) \quad (9\text{-}30)$$

同步器摩擦转矩 T_{fs} 分解为

$$T_{fs} = \beta_0 f_0(t) + \beta_1 f_1(t) + \cdots + \beta_{23} f_{23}(t) = \sum_0^{23} \beta_n f_n(t) \quad (9\text{-}31)$$

将等式(9-30)、式(9-31)代入优化目标函数中,即可获得 PSO 算法升挡过程中的适应度函数。

9.5.3 寻优结果与分析

采用傅里叶变换对目标转矩进行相应转换,转化成 PSO 算法可以运算的样式后,优化粒子适应度函数。假设粒子数为 24,最大迭代次数为 1500,则第 i 粒子位置 x_i 可表示为 $x_i = [\alpha_0, \alpha_1, \cdots, \alpha_{23}; \beta_0, \beta_1, \cdots, \beta_{23}]^T$。

当油门开度为 15%,车辆以 15km/h 速度行驶,冲击度和滑摩功的权重分别为 $\lambda_1 = 0.6$、$\lambda_2 = 0.4$ 时,换挡过程的粒子位置变化如图 9-9 所示。

图 9-9 中,中心大点代表整个群体寻找到的最好位置,表示整个群体从搜索到结束适应度最好的粒子位置,其他点代表每个个体记住的自身在寻优过程

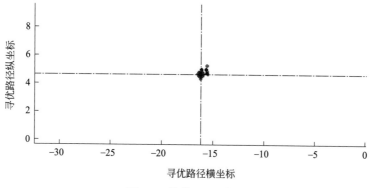

图 9-9 优化 1500 代粒子位置

中找到的最好位置,表示个体适应度最好的位置。可见,在整个搜索过程中,粒子间通过信息共享,不断更新自身的最优位置,最终聚集到群体的最优位置,即目标函数最优值。

如图 9-10 所示,尽管群体在开始时的适应度值很差,但由于该群体可以共享在各个粒子之间获得的信息,连续调整使群体的最优适应度值迅速下跌,大约在迭代 50 次后,粒子群间的信息交流开始进入放缓阶段,此时多数粒子聚集在最优位置周围,随着迭代次数的进一步增加,所有粒子都会寻找到最优解。

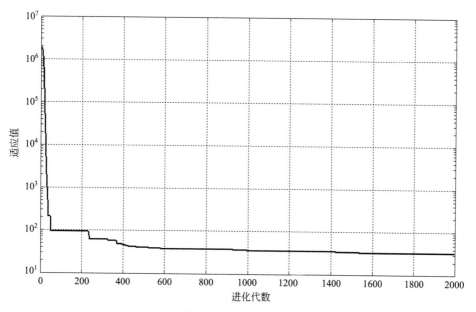

图 9-10 最优适应度值变化

图 9-11 和图 9-12 分别为系统的冲击度与滑摩功。

由图 9-11 可知,通过 PSO 算法对升挡过程中转矩进行寻优计算后,系统在换挡过程中的冲击度被控制在 $6m/s^3$ 以内;由图 9-12 可知,此时整个换挡过程中的滑摩功为 0.65kJ,优化结果较好。

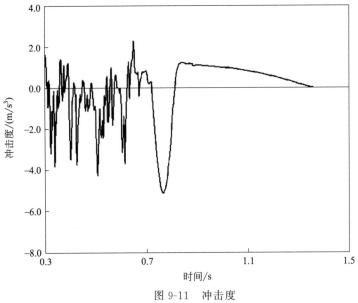

图 9-11　冲击度

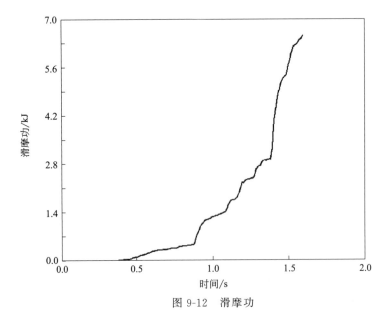

图 9-12　滑摩功

第10章

动力传动总成散热技术

10.1 电动汽车用电机冷却系统简介
10.2 流动与传热基本理论
10.3 电机冷却系统散热分析
10.4 齿轮箱发热分析

驱动电机与控制器的集成化、一体化发展经历了一个漫长的过程，未来电机驱动控制器的一体化应该是集成驱动器、控制器、传感器、电源、电机等部分，要在控制和结构上实现集成。

对于集成控制器式驱动电机系统，有效控制并优化系统中热量的传递过程，实现完善的管理及合理利用产生的热能，降低系统的发热量，优化散热部件结构从而减小对散热系统的散热需求，也是关键的部分。由于系统中的电机与控制器有着不同的工作温度，散热系统首先要满足电机在各种工况特别是高温爬坡工况下运转时的散热需要，同时还要保证控制器有充足的冷却，使各个部件都工作在合适的温度区间内，因此，有必要设计一种满足整个驱动系统的散热机构，同时在满足各项功能的基础上，还要减轻整个系统的重量，并有效提高整套系统的功率密度，使其达到更好的效果。

10.1 电动汽车用电机冷却系统简介

电动汽车的驱动电机通过将电能转化为机械能来驱动汽车行驶，直接影响整车动力性。汽车在行驶过程中会使电机运行在各个工况，并且不断发热，若温度超过一定值，就会损坏绕组的绝缘，轻则加速绝缘层的老化速度，缩短其寿命，重则绝缘层变质，损坏电机造成事故。所以要选择合理的冷却方式，保证电机运行过程中始终在安全的温度范围内。

电动汽车用电机冷却系统根据冷却介质的不同，可分为风冷、液冷和蒸发冷却等。风冷通常以空气作为冷却介质，通过空气对流来对电机进行降温。液冷则是以液体为冷却介质，通过液体的循环流动带走热量，对电机进行冷却，常用的冷却液有水、油等。

(1) 风冷系统

风冷系统以空气作为热交换介质带走电机产生的热量，分为自然风冷和强迫风冷。自然风冷结构简单，不需要专门设计冷却装置，因此冷却成本低廉，是新能源汽车低功率电机常用的散热方式之一。

在自然风冷的研究中，设计的一种一体化的外转子轮毂电机，集成了电机、减速装置和制动器，该电机通过轮毂旋转时带动的空气流通来对电机进行冷却。基于流体动力学研究风罩导风结构，通过结构优化证明良好的导风系统可以提高通风冷却效率，从而增强电机散热能力。如图10-1所示，电机采用自然风冷方式，并且在机壳上设计有扩展散热筋，来增强电机的冷却。

强迫风冷根据空气在电机中流通路径的不同，分为外部通风和内部通风两大类。外部通风冷却通过电机后端安装的冷却风扇对电机进行冷却。内部通风冷却根据空气不同的流通路径，又分为轴向、径向以及径轴向混合通风形式。

(2) 液冷系统

液冷系统以流体作为热交换介质带走电机产生的热量，分为水冷和油冷。对于新能源汽车电机来说，冷却液的环境适应性需要特别考虑，常用的新能源汽车冷却液由乙二醇、防腐蚀添加剂、抗泡沫添加剂和水组成。各公司根据地

图 10-1 自然风冷永磁轮毂电机

区及使用情况来控制各成分的比例,使冷却液不沸腾、不结冰。

在计算流体动力学以及数值传热学理论的基础上,利用有限体积法对常用的轴向 Z 形和周向螺旋形水冷系统进行了详细的分析,得到了冷却系统内冷却液的流速、流阻及温度分布规律。

液体的比热容与空气相比要大得多,因此具有很好的冷却效率,同时使整个电机定子及绕组温度更均匀。常用的冷却结构如图 10-2 所示。但水冷需要解决绝缘问题,即冷却水管路不能出现泄漏,同时还需要保证冷却管路不出现堵塞。

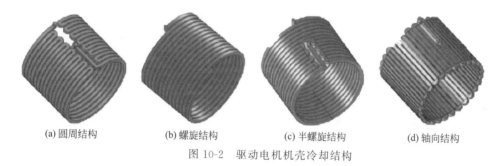

(a) 圆周结构　　(b) 螺旋结构　　(c) 半螺旋结构　　(d) 轴向结构

图 10-2 驱动电机机壳冷却结构

(3) 蒸发冷却系统

蒸发冷却系统是指采用了空心导体的绕组,并且冷却液体流经电机内部,来吸收电机损耗产生的热量,当液体的温度达到压力饱和值时,沸腾汽化进而带走产生的热量。国内外学者对此也进行了相关研究,采用强迫式蒸发冷却电机定子的三维温度场的仿真方法,经过试验证明,采用该仿真方法具有极高的可靠性和准确度。

10.2 流动与传热基本理论

10.2.1 流动湍流模型

流体的流动状态可以分为层流和湍流,层流是当流体流速较小时分层流动互不混合；而当流速较大时流层之间出现滑动与混合则称为湍流，也有称紊流的。湍流是自然界更加常见的流体流动状态，绝大多数工程问题中的流体都是处于湍流状态的。

（1）雷诺时均方程

Navier-Stokes 方程（N-S 方程）是可以用来描述流体湍流的流动状态的，但是由于该方程本身是非线性的，因此实际求解和用来描述与时间相关的流场流态是相当困难的。我们会很自然地联想到在求解过程中，采用某种模型将一段时间内的物理量取平均值，而不去求解 N-S 方程瞬态结果，这就是 Reynolds（雷诺）时均法，即 Reynolds 时均方程。

引入 Reynolds 时均法，将任一物理量 φ 的时均值定义为

$$\overline{\varphi}=\frac{1}{\Delta t}\int_{t}^{t+\Delta t}\varphi(t)\mathrm{d}t \tag{10-1}$$

这样可以将物理量 φ 的瞬时值描述为

$$\varphi=\overline{\varphi}+\varphi' \tag{10-2}$$

式中，φ 是瞬时值；$\overline{\varphi}$ 是对时间的平均值；φ' 是脉动值。用平均值与脉动值之和取代瞬时值，则连续性方程和 N-S 方程转化为式(10-3) 和式(10-4)。

$$\frac{\partial U_i}{\partial x_i}=\frac{\partial u'_i}{\partial x_i}=0 \tag{10-3}$$

$$\frac{\partial U_i}{\partial t_i}+U_j\frac{\partial u'_i}{\partial x_j}=-\frac{\partial p}{\partial x_i}+\frac{\partial}{\partial x_j}\left(v\frac{\partial U_i}{\partial x_j}+\overline{u'_i u'_j}\right) \tag{10-4}$$

式(10-4) 中 $\overline{u'_i u'_j}$ 项一般称为 Reynolds 应力，令 $\tau_{ij}=\overline{u'_i u'_j}$，其实际对应着 6 个不同的 Reynolds 应力项。此时由于引入了新的未知量，方程组不再封闭，无法求得定解，因此必须引入新的湍流模型才能求解。

（2）$k\text{-}\varepsilon$ 湍流模型

当引入湍流模型时，以对 Reynolds 应力处理方式的不同为研究对象，目前工程中主要有 Reynolds 应力模型和涡黏模型两大类。前者是通过建立起 Reynolds 应力的方程，联立连续性方程、N-S 方程、能量守恒方程及状态方程，封闭方程组直接求解；后者则没有直接去处理 Reynolds 应力，而是提出湍动黏度的概念，并利用湍动黏度的函数来代表湍流应力，其中具有代表性的就是 $k\text{-}\varepsilon$ 湍流模型。

湍动黏度概念来源于 1877 年 Boussinesq 提出的用涡黏度将雷诺应力与时均流场联系起来的设想，如式(10-5) 所示。

$$-\rho\overline{u'_i u'_j}=\mu_\mathrm{t}\left(\frac{\partial u_i}{\partial x_j}+\frac{\partial u_j}{\partial x_i}\right)-\frac{2}{3}\left(u_i\frac{\partial u}{\partial x_i}+\rho k\right)\delta_{ij} \tag{10-5}$$

式中，ρ 为流体密度；μ_t 是湍动黏度，是空间坐标的函数，取决于流动状态；u_i 是时均速度；k 是湍流动能；δ_{ij} 为符号参数（当 $i=j$ 时，$\delta_{ij}=1$；反之，$\delta_{ij}=0$）。

k 的定义为

$$k=\frac{1}{2}\overline{u'_i u'_j}=\frac{1}{2}(\mu'^2+v'^2+w'^2) \tag{10-6}$$

湍流模型其实就是把湍动黏度 μ_t 与其他湍流平均参数联系起来的方程式。根据确定湍动黏度 μ_t 的微分方程的数目，将涡黏模型分为零方程模型、一方程模型和两方程模型，其中两方程模型的应用最广，特别是在汽车绕流问题上采用的 $k\text{-}\varepsilon$ 湍流模型，引入湍流动能 k 与耗散率 ε。

10.2.2 流体传热学分析

流体的连续介质数学模型在传热过程中必须遵循基本物理定律，包括质量守恒、动量守恒和能量守恒等。

(1) 质量守恒方程

质量守恒方程即连续性方程，是所有流体在流动过程中都必须满足的方程，其具体定义为：单位时间内流体微团质量的增加量等于同一时间流入流出该流体微团的净质量。由该定义可以得到质量守恒方程，如式（10-7）所示。

$$\frac{\partial p}{\partial t}+\frac{\partial(\rho u)}{\partial x}+\frac{\partial(\rho v)}{\partial y}+\frac{\partial(\rho w)}{\partial z}=0 \tag{10-7}$$

式中，p 为作用在液体微元上的压力；ρ 为流体密度；u、v、w 分别为 x、y、z 三个方向的速度分量；t 为时间。

如果流体为不可压流体，即流体密度 ρ 为常数，则变为式（10-8）。

$$\frac{\partial u}{\partial x}+\frac{\partial v}{\partial y}+\frac{\partial w}{\partial z}=0 \tag{10-8}$$

(2) 动量守恒方程

同连续性方程一样，所有的流体在流动过程中也必须遵守动量守恒方程，其具体定义为：流体微元动量随时间的变化量等于作用于该流体微元上所有外力的总和。

动量守恒方程按 x、y 和 z 方向可以分别写为式（10-9）所示的三个方程。

$$\begin{cases}\dfrac{\partial(\rho u)}{\partial t}+\mathrm{div}(\rho u\boldsymbol{u})=-\dfrac{\partial p}{\partial x}+\dfrac{\partial\sigma_x}{\partial x}+\dfrac{\partial\tau_{yx}}{\partial y}+\dfrac{\partial\tau_{zx}}{\partial z}+F_x \\ \dfrac{\partial(\rho u)}{\partial t}+\mathrm{div}(\rho v\boldsymbol{u})=-\dfrac{\partial p}{\partial y}+\dfrac{\partial\tau_{xy}}{\partial x}+\dfrac{\partial\sigma_y}{\partial y}+\dfrac{\partial\tau_{zy}}{\partial z}+F_y \\ \dfrac{\partial(\rho u)}{\partial t}+\mathrm{div}(\rho w\boldsymbol{u})=-\dfrac{\partial p}{\partial z}+\dfrac{\partial\tau_{xz}}{\partial x}+\dfrac{\partial\tau_{yx}}{\partial y}+\dfrac{\partial\sigma_z}{\partial z}+F_z\end{cases} \tag{10-9}$$

式中，div 为散度符号；$\boldsymbol{u}$ 为速度向量；p 为作用在流体微元上的压力；σ_x、τ_{yx} 和 τ_{zx} 等是黏性应力的分量；F_x、F_y 和 F_z 为作用在流体微元上三个方向的外力。当三个方向上的外力只有重力存在且方向为 z 向竖直朝下，则 $F_x=0$，$F_y=0$，$F_z=-\rho g$。

如果流体为牛顿流体，其变形率与黏性应力有一定比例关系，如式（10-10）所示。

$$\begin{cases} \sigma_x = 2\mu\dfrac{\partial u}{\partial x} + \lambda\operatorname{div}(u) \\ \sigma_y = 2\mu\dfrac{\partial v}{\partial y} + \lambda\operatorname{div}(u) \\ \sigma_z = 2\mu\dfrac{\partial w}{\partial z} + \lambda\operatorname{div}(u) \\ \tau_{xy} = \tau_{yx} = \mu\left(\dfrac{\partial u}{\partial y} + \dfrac{\partial v}{\partial x}\right) \\ \tau_{yz} = \tau_{zy} = \mu\left(\dfrac{\partial v}{\partial z} + \dfrac{\partial w}{\partial y}\right) \\ \tau_{zx} = \tau_{xz} = \mu\left(\dfrac{\partial w}{\partial x} + \dfrac{\partial u}{\partial z}\right) \end{cases} \tag{10-10}$$

式中，μ 为动力黏度；λ 为黏度系数；一般取 $\lambda = 2/3$。将式(10-10) 代入式(10-9)，再引入广义源项，可得到式(10-11)。

$$\begin{cases} \dfrac{\partial(\rho u)}{\partial t} + \operatorname{div}(\rho u\boldsymbol{u}) = -\dfrac{\partial p}{\partial x} + \operatorname{div}(\mu\operatorname{grad}u) + S_x \\ \dfrac{\partial(\rho u)}{\partial t} + \operatorname{div}(\rho v\boldsymbol{u}) = -\dfrac{\partial p}{\partial y} + \operatorname{div}(\mu\operatorname{grad}v) + S_y \\ \dfrac{\partial(\rho u)}{\partial t} + \operatorname{div}(\rho w\boldsymbol{u}) = -\dfrac{\partial p}{\partial z} + \operatorname{div}(\mu\operatorname{grad}w) + S_z \end{cases} \tag{10-11}$$

式中，S_x、S_y、S_z 分别为 x、y、z 三个方向上的广义源；grad 是梯度符号。这就是通常所说的动量守恒方程，也称为 Navier-Stokes 方程，即 N-S 方程。

(3) 能量守恒方程

能量守恒方程即是热力学第一定律在流体上的应用，也是所有流体流动都必须遵守的基本方程，其具体定义为：流体微元能量的增加量等于流入流出该流体微元的净热流量与体积力和表面力对流体微元所做功的总和，如式(10-12)所示。

$$\dfrac{\partial(\rho T)}{\partial T} + \operatorname{div}(\rho\boldsymbol{u}T) = \operatorname{div}\left(\dfrac{k}{C_p}\operatorname{grad}T\right) + S_T \tag{10-12}$$

式中，T 为温度；k 为流体的传热系数；C_p 为等压热容；S_T 是内热源及流体黏性力做功转化为热能的两部分能量之和。

联立式(10-7)、式(10-11) 与式(10-12) 得到 5 个方程，方程中含有压力 p、密度 ρ、温度 T 和速度分量 u、v、w 这 6 个未知量。根据方程有定解条件，方程数必须等于未知数个数，因此需要补充一个方程封闭方程组，这个方程就是状态方程，如式(10-13) 所示。

$$p = P(\rho, T) \tag{10-13}$$

对于流体为理想气体的情况，就是我们熟知的理想气体状态方程，如式(10-14)所示。

$$p = \rho R T \tag{10-14}$$

式中，R 为摩尔常数。

10.3 电机冷却系统散热分析

电动汽车用电机的安装空间一般都比较狭小,空间密闭,而驱动电机系统又具有较高的功率密度和额定电流,这样使电机的损耗增大,相对应的电机温升也不断增加,最终导致电机效率降低,甚至引起电机过热故障。

电动汽车驱动电机的散热问题一直是限制电机性能提高和应用的主要因素,所以要为其配备相应的冷却散热循环系统,以提高驱动电机的使用性能。

10.3.1 冷却系统组成

综合考虑整个集成驱动电机系统的工作状态及工作环境,可以发现系统的发热主要集中在两方面:控制器中的功率模块与电机的铁芯。为了保证其正常工作,要对这两部分的温度进行控制,因此通过外界设备来对这两个部位进行冷却散热。驱动电机散热系统框图如图10-3所示。

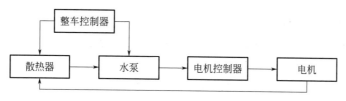

图 10-3 驱动电机散热系统框图

在整个系统中,将其看作是一个大的对流系统,散热器水箱中的水经水泵流经电机控制器、电机后,再次流回散热器水箱中,利用冷却风扇来散热,然后再次用于对电机控制器和电机的冷却。图10-3中,由于电机的散热更多,温升速度相对于控制器来说要快,因此要把放热少的放在前端,这样让冷却水先流经电机控制器,再流经电机是合理的。系统中的水泵和冷却风扇由车载12V蓄电池为其供电,且其工作状态受整车控制器的控制。

10.3.2 电机热源分析

电机作为一种机械能与电能转换的装置,评判其性能的一个重要指标是效率,它直接取决于电机运行时所产生的损耗,损耗越大,效率越低。电机损耗与所选择的电磁负荷、材料性能、绕组形式、电机形式等有密切的联系。电机损耗主要包括铁损耗、绕组损耗、机械损耗、杂散损耗等,这些损耗绝大部分转化为热量,使电机温度升高。

(1) 铁损耗

铁损耗是铁芯中产生的,包括磁滞损耗和涡流损耗。

由于电机中的铁磁材料具有磁饱和特性，因此当铁磁材料在交变磁场反复作用下，内部磁畴不断倒转，相互摩擦消耗能量而造成的损耗称为磁滞损耗，用 P_h 表示，其中铁磁材料在交变磁场下的特性如图 10-4 所示。

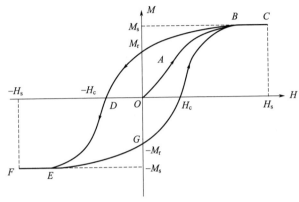

图 10-4　铁磁材料的磁滞回线

M_s—饱和磁感应强度；M_r—剩磁；H_c—矫顽力

磁滞损耗与磁场交变频率 f 和磁感应强度 B 相关，其计算公式为

$$P_h = \sigma'_h f B^\alpha \tag{10-15}$$

式中，σ'_h 为材料性能常数。α 取值范围为 1.6~2.2。

通过铁芯的磁通发生交变时，根据电磁感应定律，在铁芯中会产生感应电动势和感应电流，电流在铁芯内环绕磁通呈旋涡流动，称为涡流。涡流在铁芯中流动产生的损耗称为涡流损耗（图 10-5）。

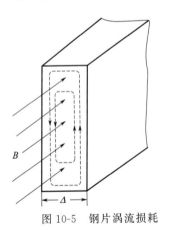

图 10-5　钢片涡流损耗

涡流损耗与磁感应强度 B、磁场交变频率以及材料厚度有关，其计算公式为

$$P_e = \sigma_e (Bf)^2 \tag{10-16}$$

式中，$\sigma_e = \dfrac{\pi^2 \Delta^2}{60 \rho \rho_{Fe}}$；$\Delta$ 为钢片厚度；ρ 为钢片电阻率；ρ_{Fe} 为钢片密度。

(2) 绕组损耗

绕组损耗又称电气损耗，是由绕组等导体中的电流而引起的损耗。主要为基本铜损耗等损耗。由焦耳-楞次定律可知，电机基本铜损耗与电流和电阻有关，由于电机具有多个绕组，则需要对各个绕组的铜损耗进行相加。

$$P_{cm} = mI^2R \tag{10-17}$$

式中，m 为导线股数。

(3) 机械损耗

机械损耗主要有通风损耗、轴承摩擦损耗等。通风损耗通常很难准确确定，其与电机结构、通风系统风阻、风扇形式等有关，因为这些因素本身就很难确定。因此，一般使用经验公式计算。针对永磁同步电机，使用的是封闭循环式水冷却，因此该通风损耗可不予计算。对于轴承摩擦损耗，其与摩擦因数、摩擦表面之间的相对速度以及摩擦表面的压力相关，通常，这些都是比较难确定的，同样也只能采用经验公式进行计算。对于滚动轴承的摩擦损耗可采用式(10-18) 进行计算

$$P_f = 0.15 \frac{F}{d} v \times 10^{-5} \tag{10-18}$$

式中，F 为轴承载荷；d 为滚珠直径；v 为滚珠圆周速度。

对于滑动轴承，其计算公式为

$$P_f = 2.3 l_j \frac{50}{\theta} \sqrt{\mu_{50} p_j d_j \left(1 + \frac{d_j}{l_j}\right) v_j^{1.5}} \times 10^{-5} \tag{10-19}$$

式中，l_j 为轴颈长度；θ 为工作油温；μ_{50} 为 50℃时油的黏度，取 0.015～0.02；p_j 为轴颈投影面上的压力；d_j 为轴颈直径；v_j 为轴颈圆周速度。

(4) 杂散损耗

对于永磁同步电机的杂散损耗 P_s，通常采用经验公式进行计算。电机的杂散损耗基本上随着电流的平方而增加。当定子相电流为 I_1 时，电机的杂散损耗可用式(10-20) 计算。

$$P_s = \left(\frac{I_1}{I_N}\right)^2 P_{sN} \tag{10-20}$$

式中，I_N 为电机额定相电流，A；P_{sN} 为电机输出额定功率时的杂散损耗，W。

电机作为一种机电能转换装置，在各种工况运行过程中会产生以上所述的铁损耗、绕组损耗、机械损耗和杂散损耗。这些损耗会转变为热量使电机各部分温度升高。虽然电机各部分的发热量不同，是非均质发热体，但按其发热过程来看，其发热过程与均质发热体相似，且温度变化与时间成指数关系，如图 10-6 所示。

热量在电机中的传递过程十分复杂，另外由于制造工艺而造成某些不稳定因素，使计算电机发热比较困难。电机中的热量是由于各种损耗而产生的，经过传导作用传到电机壳体表面，然后依靠冷却系统将热量散发出去。

永磁同步电机的效率在 90% 以上，假设电机所有的损耗都以热的形式散失。汽车用驱动电机各区域内流体流动与传热计算的基本假设如下。

① 假设电机内部热量集中在水套内壁面传导。

② 假设电机的热量只通过冷却水套中的流体以对流散热方式带走，电机与空气之间没有热传导。

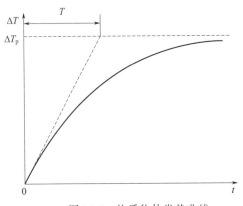

图 10-6 均质物体发热曲线

③ 假设流体为不可压缩流体，由于水套内流体雷诺数较大，流动属于湍流流动，对流体采用湍流模型进行设定并求解。

④ 电机稳态运行时的流体流动属于定常流动，所以控制方程中不含有时间项，这样使湍流模型得到简化。

10.4 齿轮箱发热分析

齿轮箱在正常运转条件下，传动装置产热的热源主要分为两类，即内热源和外热源。内热源通常是指传动系统内部各部件由于在接触过程中存在摩擦而产生的功率损失，主要包括齿轮啮合摩擦功率损失、轴承摩擦功率损失、搅油功率损失和风阻功率损失。外部热源通常是指齿轮箱与外界空气环境进行的热量交换过程。电动汽车一体化动力传动系统中齿轮箱与电机直接相连，易受到电机的热辐射而引起温升，但是由于电机产生的热辐射较少，故可以忽略齿轮箱的外部产热热源，只考虑其内部产热。图 10-7 所示为一体化动力传动系统温度场的仿真分析。

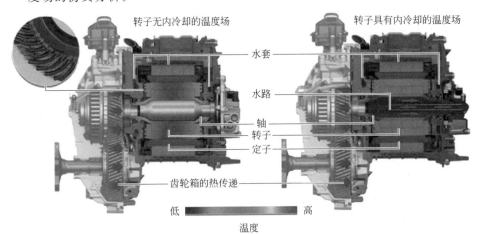

图 10-7 一体化动力传动系统温度场的仿真分析

10.4.1 齿轮啮合摩擦功率损失

齿轮在啮合过程中由于摩擦的存在必然产生能量的损失，根据接触方式的不同可分为滚动摩擦功率损失与滑动摩擦功率损失 [式(10-21)]，损失的能量转换为热量扩散，构成齿轮箱中的主要产热热源。齿轮啮合过程中在啮合表面上由于油膜不均而产生的压力进而产生的功率损失称为滚动摩擦功率损失，其具体值可通过齿轮运转过程中啮合瞬态滚动速度与润滑油油膜厚度来确定。滑动摩擦功率损失的大小与齿轮啮合点位置息息相关，不同位置上的油膜厚度、润滑油黏度等对滑动摩擦功率损失均有影响。

$$P_g = P_s + P_r \tag{10-21}$$

式中，P_g 为齿轮摩擦功率损失，kW；P_s 为齿轮滑动摩擦功率损失，kW；P_r 为齿轮滚动摩擦功率损失，kW。

(1) 齿轮啮合过程中滑动摩擦功率损失分析

由于齿轮在啮合过程中啮合点处大、小齿轮运转速度不同造成齿面间产生相对滑动，从而引起滑动摩擦功率损失。滑动摩擦功率损失计算式为

$$P_s = f F_n v_s \times 10^{-3} \tag{10-22}$$

式中，F_n 为齿轮啮合齿面法向载荷，N；v_s 为齿轮啮合点处瞬时相对滑动速度，m/s；f 为瞬时滑动摩擦因数。

齿轮啮合齿面法向载荷为

$$F_n = \frac{T_1}{r_1 \cos\alpha \cos\beta}$$

式中，T_1 为输入转矩，$T_1 = 9550 P_1/n_1$，N·m；P_1 为输入功率，kW；n_1 为输入转速，r/min；r_1 为小齿轮节圆半径，m；β 为小齿轮分度圆螺旋角，(°)；α 为齿轮压力角，(°)。

齿轮啮合点瞬时相对滑动速度为

$$v_s = 1.0472 \times 10^{-4} n_1 (1 + z_2/z_1) s \tag{10-23}$$

式中，z_2 为大齿轮齿数；z_1 为小齿轮齿数；s 为齿轮副的实际啮合点与啮合线上的理论啮合节点之间的距离，mm。

根据式(10-24)计算出齿轮啮合点处平均相对滚动速度为

$$v_r = 1.0472 \times 10^{-4} n_1 [d_1 \sin\alpha + s(1 - z_2/z_1)] \tag{10-24}$$

式中，d_1 为小齿轮节圆直径。

根据式(10-22)~式(10-24)，可得齿轮啮合过程中瞬态滑动摩擦功率计算式为

$$P'_s = 1.047 f F_n n(1 + z_2/z_1) s \times 10^{-7} \tag{10-25}$$

齿轮滑动摩擦损失的功率可采用瞬态滑动摩擦功率积分的平均值来计算 [式(10-26)]，这样可使计算值更加逼近真实值。

$$P_s = \frac{\int_0^l P'_s \, ds}{l} = 0.329 \overline{f}_s F_n n_1 m_n (1 + z_2/z_1) X_E \times 10^{-6} \tag{10-26}$$

式中，l 为齿轮实际啮合线长度，mm；$\overline{f}_s$ 为齿轮啮合过程中滑动摩擦因数；X_E 为齿轮重合度影响系数；m_n 为斜齿轮法向模数。

齿轮啮合过程中摩擦因数对齿轮啮合摩擦功率损失具有较大的影响，滑动摩擦因数 $\overline{f}_s$ 的计算式为

$$\overline{f}_s = 0.127 \lg\left(\frac{29.66 F_n}{b \rho \overline{v}_s \overline{v}_r^2}\right) \tag{10-27}$$

式中，b 为齿轮副有效齿宽，mm；ρ 为润滑油动力黏度，Pa·s；$\overline{v}_s$ 为齿轮轮齿平均滑动速度，m/s；$\overline{v}_r$ 为齿轮轮齿平均滚动速度，m/s。

齿轮啮合过程中的滑动速度和滚动速度，可通过式(10-28)与式(10-29)求出。

$$\overline{v}_s = \frac{1.6449 \times 10^{-5} m_n n_1 (1+z_2/z_1)(\varepsilon_1^2 + \varepsilon_2^2)}{\varepsilon_1 + \varepsilon_2} \tag{10-28}$$

$$\overline{v}_r = 1.05 \times 10^{-4} n_1 [d_1 \sin\alpha + 1.57 m_n (1+z_2/z_1)](\varepsilon_1^2 + \varepsilon_2^2)/(\varepsilon_1 + \varepsilon_2) \tag{10-29}$$

式中，ε_1、ε_2 分别为啮合点前后重合度；d_1 为小齿轮分度圆直径，mm。

齿轮重合度影响系数 X_E 可通过式(10-30)求得。

$$X_E = \frac{9(1-\varepsilon_1+\varepsilon_2)(\varepsilon_1+\varepsilon_2-1)+3(1-\varepsilon_2)^2}{6(\varepsilon_1+\varepsilon_2)} \tag{10-30}$$

(2) 齿轮啮合过程中滚动摩擦功率损失分析

在电动汽车差减齿轮箱齿轮啮合过程中，滚动摩擦功率损失 P_r 为

$$P_r = \frac{9 \times 10^{-2} h_R \overline{v}_r b}{\cos\beta} \tag{10-31}$$

Hamrock 和 Jaeobson 提出的弹性流体动力润滑油膜厚度计算公式为

$$h_R = \frac{3.07 \xi^{0.57} R^{0.4} (\rho \overline{v}_r)^{0.71}}{E^{0.08} \psi^{0.11}} \tag{10-32}$$

式中，ξ 为润滑油压黏系数；R 为齿廓综合曲率半径，mm；E 为润滑油综合弹性模量，MPa；ψ 为润滑油载荷系数。

基于以上公式可以分别建立齿轮啮合过程中的滑动摩擦功率损失及滚动摩擦功率损失分析计算模型。由于齿轮啮合过程中摩擦产生的能量绝大部分都以热能的形式散出，可以认为齿轮啮合过程中的摩擦功率损失全部转化为热功率，即

$$Q_g = P_g \tag{10-33}$$

在低转速下的齿轮啮合摩擦功率损失主要由滚动摩擦功率损失构成，随着转速的升高，润滑油的黏度降低，导致滚动摩擦功率损失降低，滑动摩擦功率损失增加，因此在高转速下齿轮啮合功率损失主要取决于滑动摩擦功率损失。

齿轮啮合过程中，摩擦产生的热量先通过齿轮本体直接传递到大、小齿轮，然后再通过箱内润滑油传递至箱内各个部件如轴、箱体，最后通过与空气进行热量交换向外界环境传递热量。齿轮副上产生的摩擦热功率通过一定的分配系数 λ 分配到大、小齿轮之上，齿轮啮合产生的热功率 Q_g 一部分传递到小齿轮上

(Q_{g1})，另一部分传递到大齿轮上（Q_{g2}）。

$$Q_{g1} = \lambda Q_g \tag{10-34}$$

$$Q_{g2} = (1-\lambda)Q_g \tag{10-35}$$

式中，λ 为传热分配系数。

10.4.2 风阻功率损失

齿轮在箱内的油气混合物中高速运转产生的能量损失称为风阻功率损失，其大小主要由箱内油气混合物浓度、齿轮旋转速度及齿轮几何参数决定，当齿轮处于低速旋转工作状态时，风阻功率损失可以忽略不计，随着工作转速的升高，风阻功率损失急剧攀升，导致风阻功率损失占比增加。一般齿轮在高速旋转时，其风阻功率损失主要是齿轮受到油气混合物的阻力形成的风阻功率损失与润滑油从啮合位置流出而形成湍流现象的风阻功率损失。目前对于风阻功率损失的研究很多，这里采用一种精确度较高的 Anderson 法对风阻功率损失进行计算。

$$P_w = 2.04 \times 10^{-8} \left(1 + 2.3 \frac{b}{r}\right) \rho^{0.8} n^{2.8} r^{4.6} \nu^{0.2} \tag{10-36}$$

式中，b 为齿轮齿宽，mm；r 为齿轮节圆半径，mm；ρ 为油气混合物密度，kg/m^3；n 为齿轮转速；ν 为润滑油黏度，m^2/s。

10.4.3 搅油功率损失

电动车差减齿轮箱的润滑方式为飞溅润滑，齿轮在高速运转时，浸入润滑油里的若干齿，通过旋转过程所产生的力将些许润滑油引入啮合位置进行润滑，同时也将溅起润滑油至轴、箱体部分进行热交换。根据机械设计的相关知识，在设计时，齿轮箱中输入轴上小齿轮及中间轴上的小齿轮均未浸入润滑油，只有两个大齿轮的若干齿浸入到油池之中。因此，齿轮在高速运转条件下，大齿轮在经过油池旋转时将产生较大的搅油阻力，形成齿轮搅油功率损失，其大小主要由润滑油黏度、温度、箱内浸油深度及齿轮几何参数共同确定。目前，国内外学者将搅油功率损失分为与齿轮端面相关的搅油功率损失和与啮合面相关的搅油功率损失。

与齿轮端面相关的搅油功率损失计算式为

$$P_{J1} = \frac{1.47 f_g \nu n^3 D^{4.7} B}{A_g} \times 10^{-26} \tag{10-37}$$

与啮合面相关的搅油功率损失计算式为

$$P_{J2} = \frac{7.37 f_g \nu n^3 D^{4.7} B}{A_g} \times \frac{R_f}{\sqrt{\tan\beta_b}} \times 10^{-26} \tag{10-38}$$

式中，f_g 为齿轮的浸油因子；ν 为润滑油的运动黏度；D 为齿轮分度圆直径；A_g 为配置系数，取 0.2；R_f 为粗糙度因子；β_b 为基圆螺旋角。

齿轮搅油功率损失可以通过与齿轮端面相关的搅油功率损失和与齿轮啮合面相关的搅油功率损失之和求得，即

$$P_J = P_{J1} + P_{J2} \tag{10-39}$$

10.4.4 滚动轴承摩擦功率损失

轴承在高速运转时，滚动体与轴承内、外圈产生滑动磨损，磨损产生大量的热使轴承部件温度骤升，高温轴承部件由于热膨胀产生的热变形会使轴承工作游隙减小，进而造成轴承抱死引发失效，因此有必要对滚动轴承摩擦功率损失进行分析。滚动轴承摩擦功率损失的大小由轴承所受的摩擦力矩及轴承的运转速度决定，而摩擦力矩是轴承温升效应的主要参数指标。

(1) 滚动轴承摩擦力矩计算模型

轴承在运转过程中由于滚动体与滚道之间摩擦的存在形成阻碍轴承运转的阻力矩称为轴承摩擦力矩，轴承结构特点、承受的载荷大小及润滑条件等都将影响轴承的摩擦力矩。为了准确计算轴承的摩擦功率损失，国外学者 Palmgren 将轴承的摩擦力矩分为由轴承所受载荷引起的摩擦力矩与由润滑油黏滞效应引起的摩擦力矩两部分。通过对轴承在不同载荷大小、不同润滑油及不同转速工况的摩擦力矩进行测试，得到各种轴承所受摩擦力矩的计算模型。

① 球轴承摩擦力矩　Palmgren 用式（10-40）～式（10-42）来描述外加载荷引起的摩擦力矩。

$$M_1 = f_1 P d_m \tag{10-40}$$

$$d_m = \frac{1}{2}(d_o + d_i) \tag{10-41}$$

$$P = XF_r + YF_a \tag{10-42}$$

式中，M_1 为轴承载荷引起的摩擦力矩，N·mm；f_1 为与轴承结构和载荷有关的系数；P 为当量动载荷，N；F_r 为轴承径向载荷，N；F_a 为轴承轴向载荷，N；d_m 为轴承的节圆直径，mm；d_o 为轴承的外圈直径，mm；d_i 为轴承的内圈直径，mm。

高速旋转的球轴承，由于润滑油的黏滞效应，使轴承产生摩擦力矩 M_2，其大小可通过润滑油运动黏度及轴承的旋转速度决定，如式（10-33）及式（10-34）所示。

$$M_2 = 10^{-7}(\nu n)^{2/3} d_m^3 \quad (\nu n \geqslant 2000) \tag{10-43}$$

$$M_2 = 160 \times 10^{-7} f_2 d_m^3 \quad (\nu n < 2000) \tag{10-44}$$

式中，f_2 为与轴承结构及润滑方式相关的系数；ν 为润滑油的运动黏度，mm^2/s；n 为轴承工作转速，r/min。

球轴承在正常运转条件下所受的总摩擦力矩为

$$M = M_1 + M_2 \tag{10-45}$$

② 圆锥滚子轴承摩擦力矩　圆锥滚子轴承的结构不同于球轴承，在运转过程中滚动体与轴承内、外圈形成的滚道接触产生滚动摩擦，同时滚动体的端面

与轴承挡边直接接触产生滑动摩擦，圆锥滚子轴承承受的径向载荷和轴向载荷共同决定了轴承所受的摩擦力矩。Witte 对此进行了大量研究，并整理出以下计算公式。

$$M_r = 3.35 \times 10^{-8} G(\nu n)^{1/2} F_r^{1/3} \quad (10\text{-}46)$$

$$M_a = 3.35 \times 10^{-8} G(\nu n)^{1/2} F_a^{1/3} \quad (10\text{-}47)$$

$$G = d_m^{1/2} D^{1/6} (Zl)^{2/3} (\sin\alpha)^{1/3} \quad (10\text{-}48)$$

式中，M_r 为轴承承受径向载荷引起的摩擦力矩；M_a 为轴承承受轴向载荷引起的摩擦力矩；G 为与轴承结构相关的系数；Z 为滚动体的个数；l 为滚动体的长度；α 为轴承接触角。

不同于球轴承，圆锥滚子轴承在正常运转条件下所受的总摩擦力矩为轴承受径向载荷引起的摩擦力矩及轴承受轴向载荷引起的摩擦力矩与润滑油黏滞效应引起的摩擦力矩之和，即

$$M = M_a + M_r + M_2 \quad (10\text{-}49)$$

③ 滚针轴承摩擦力矩　滚针轴承在结构特点上与球轴承及圆锥滚子轴承由于有较大的差别，相对于轴承直径，滚针既细又长，尽管轴承截面较小，但是该轴承具有较高的承载能力，然而在载荷分布不均时，滚针在轴承滚道中发成倾斜，从而导致轴承端面产生较大的滑动磨损，Myers 等人在前人研究的基础上，建立了滚针轴承的摩擦力矩计算模型，即

$$M = d_m (4.5 \times 10^{-7} \nu^{0.3} n^{0.6} + 0.12 F_r^{0.41}) \quad (10\text{-}50)$$

(2) 滚动轴承摩擦功率损失分析

通过上述对球轴承、圆锥滚子轴承及滚针轴承结构特点分析得到三类轴承在运转条件下所受的总摩擦力矩 M，基于功率计算方法得到滚动轴承座处的摩擦功率损失计算式为

$$P_b = \frac{\pi n M}{30} \quad (10\text{-}51)$$

10.4.5　齿轮箱热平衡

一个系统达到热平衡时，最显著的特点是系统的输出能量与输入能量相等，使系统温度达到一个相对稳定的状态。

热平衡法是借助能量转化和守恒定律来计算热量传递问题的一种思想方法。选定要研究的物体对象为控制体和物体内无限小微元为控制体，应用能量转化和守恒定律建立起能量平衡关系式，然后把参与热量传递的传热方式表达式代入该关系式的各项中进行求解。

热平衡方程式形式简单，理解容易，应用起来非常灵活、方便，可以用来求解许多复杂的热量传递问题，对许多不能直接套用公式计算的换热问题采用此方法可以方便计算。

当齿轮箱运行一段时间后，齿轮箱各部件温度进入相对稳定状态，认为齿轮箱达到稳态热平衡，相对稳定的温度认为是齿轮箱热平衡温度。根据传热学

基础知识，建立齿轮箱瞬态导热能量方程，即

$$\rho C_v \frac{\partial T}{\partial t} = k\left(\frac{\partial^2 t}{\partial x^2} + \frac{\partial^2 t}{\partial y^2} + \frac{\partial^2 t}{\partial z^2}\right) + Q \tag{10-52}$$

式中，ρ 为密度；C_v 为等体积热容；T 为温度；t 为时间；k 为流体的传热系数；Q 为箱体内产生的热量。

当齿轮箱达到热平衡时，求解稳态能量方程，即求解当 $\partial T/\partial t = 0$ 时的方程。

参 考 文 献

[1] 顾以慧. 纯电动汽车电机-变速器一体化参数设计及其控制策略研究[D]. 镇江：江苏大学，2018.
[2] 贾永同. 纯电动汽车电机变速器集成控制研究[D]. 镇江：江苏大学，2019.
[3] 盛家炜. 电动汽车一体化动力传动系统控制方法的研究[D]. 镇江：江苏大学，2020.
[4] （美）侯赛因. 纯电动及混合动力汽车设计基础[M]. 2版. 北京：机械工业出版社，2012.